FALKEN
BÜCHEREI

220681-2

4.801

D1869078

K. Lehnhoff und E. Ruge

Festreden und Vereinsreden

Ansprachen für festliche Gelegenheiten

FALKEN VERLAG

Eine Fülle weiterer Reden für jeden erdenklichen Anlaß finden Sie in dem im gleichen Verlag erschienenen Buch ,,Reden und Ansprachen für jeden Anlaß", herausgegeben von Frank Sicker.

ISBN 3 8068 0069 3

© by Falken-Verlag GmbH, 6272 Niedernhausen/Ts.
Titelbild: Egon Schaaf
Gesamtherstellung: Neuwieder Verlagsgesellschaft mbH, Neuwied

414 039 383 7

Inhalt

Reden kann jeder

Die meisten Menschen behaupten von sich, sie hätten Hemmungen und würden niemals vor versammeltem Kreis ein Wort über die Lippen bringen.
„Lampenfieber" nennt der Volksmund dieses Gefühl; quasi als einziger unter einer grellen Lampe zu stehen und etwas vorzutragen, während eine stumme Zuhörerschaft im Dunkel lauscht oder lauert. Weiß man es? Diese Ungewißheit ist es, die den Redner beunruhigt und ihn unsicher macht; er bangt um die Resonanz seiner Worte.
Zur Beruhigung, das Lampenfieber ist so alt wie die Redekunst selbst, und wem das nicht genug hilft, der mag sich zum Trost sagen lassen, daß berühmte Leute, die öffentlich auftreten müssen, ebenfalls Lampenfieber haben, ob es der Sprecher beim Fernsehen oder der Politiker vor der Wahlrede ist. Und jeder hat seine kleinen Tricks, dieser allzu menschlichen Angst vor dem „Versagen" die Stirn zu bieten. Der eine hilft sich vor dem Auftritt mit einem stärkenden Schluck, der andere mit einem Saunabad, und ein dritter belebt den Geist, indem er einige Textstellen auswendig lernt.
Das Auswendiglernen ist sicher eine große Hilfe und sollte bei jeder Gelegenheit trainiert werden. Aber es hat auch seine Tücken. Verläßt sich der Redner vollkommen auf bestimmte Wortpassagen, die er sich eingeprägt hat, so kann es ihm unter Umständen passieren, daß er bei einem plötzlichen „Black-out" – dem berühmten Brett vor dem Kopf – aufgeschmissen ist, weil ihm die einstudierten Sätze überhaupt nicht einfallen. Möglicherweise fällt ihm aus Angst dann gar nichts mehr ein, und er gerät ins „Schwimmen".
Grundsätzlich sollte jeder Redner für solche Fälle ein paar „Schwimmblasen" in Reserve haben. Das sind feststehende Redewendungen, die so neutral sind, daß sie fast immer passen. Hier ein paar Beispiele:

Noch etwas ist dabei zu beachten . . . Es sind noch andere Gesichtspunkte zu berücksichtigen, die ich noch gar nicht angesprochen habe . . . Vieles läßt sich in der Kürze nur umreißen . . . Wie auch immer die Dinge liegen . . . Alles kann ich in diesem Zusammenhang nicht aufführen . . . Vielleicht ist es interessant, wenn ich ein paar kleine Beispiele erzähle . . .

In der freien Rede geht es also darum, über die Denkklippen hinwegzukommen. Die einfachste Formel lautet: Welches Aussage-Ziel will ich erreichen, und welche beziehungsweise wieviele Argumente stehen mir zur Verfügung? Das Argument, das der Interessenlage des Zuhörerkreises am nächsten kommt, ist an den Anfang zu stellen, das für den Redner wichtigste an den Schluß. Dieser rote Faden gibt der Rede einen Aufbau; alles was jetzt noch zur eigenen Sicherheit beiträgt, sind Denkstützen, übersichtlich geordnete Notizen oder Stichwörter, die nach dem Prinzip Einleitungsargument, Mittelfeldargumente und Schlußargument gegliedert sind.

Je nach Gewohnheit kann der Redner diese Notizen der Bedeutung entsprechend verschiedenfarbig unterstreichen.

Schon beim Ordnen der Argumente achtet der Redner darauf, einige Höhepunkte geschickt einzubauen und so zu verteilen, daß das Zuhören immer neue Anreize bekommt. Anreize können z. B., müssen aber nicht Anekdoten sein. Der Redner bereitet sich gedanklich am besten auf den Zuhörerkreis vor, indem er sich die Wirkung seiner Worte auf diesen und jenen in der Runde vorstellt. Sind alte oder junge Leute unter den Zuhörern, vielleicht auch beides? Alle wollen sich möglichst gleichmäßig angesprochen fühlen. Und zwar in einer verständlichen Sprache. Das gesprochene Wort unterscheidet sich nämlich in doppelter Weise vom geschriebenen. Zuerst einmal muß das Gesagte so formuliert sein, daß es sofort verstanden werden kann. Das heißt: Möglichst klare und kurze Hauptsätze mit gelegentlichen Nebensätzen verwenden. Bandwurmsätze vermeiden; sie ermüden kolossal! Wenn der Zuhörer dauernd gezwungen wird, zum Anfang des Satzes zurückzudenken, um mühsam das Subjekt mit dem Prädikat und Objekt des Schlusses zu koppeln, hat er bald kein Interesse mehr am Zuhören. Zum anderen vergessen viele Redner über der Konzentration auf ihre Aussage, daß die Wirkung ihrer Worte auch von der Darbietung abhängt, also vom eigenen Auftreten. Die sogenannte „non-verbale" (nicht gesprochene) Mitteilung kann unter Umständen stark dominieren, ja sogar das Interesse derart binden – etwa durch Gesten, Mimik oder andere Erscheinungsauffälligkeiten –, daß der Zuhörer darüber den Sinn des Gesagten überhaupt nicht wahrnimmt.

Deswegen Vorsicht mit äußerlichen Kleinigkeiten, wie schlechtsitzender oder grellfarbiger Krawatte, mit übertriebenen Kopfbewegungen und Grimassen, mit unruhigen Händen oder schlechter Haltung. Die gerade Haltung ist übrigens Voraussetzung für richtiges Atmen, und richtiges Atmen gibt der Stimme den natürlichen Klang, also die normale Lautstärke ohne Überanstrengung (Schreier versuchen meist, etwas zu übertönen – Sachkenntnis vielleicht oder Unsicherheit). Der normale Tonfall ist allerdings nicht zu verwechseln mit einer monotonen Klangfärbung; im Gegenteil: Gerade die Abstufungen in der Tonlage oder auch gelegentlich eingestreute Kunstpausen geben den Worten mehr Bedeutung. Beides wirkt gegen Langeweile.

Auch auf das Tempo beim Sprechen kommt es an. Zu rascher Redefluß strapaziert die Aufmerksamkeit ebenso wie die langatmige Sprechweise, die von vielen „Ähs" unterbrochen wird.

Es wirkt unsicher, verkrampft und unpersönlich wenn der Blick des Redners starr auf irgendeinen Punkt an der Wand geheftet ist. Jeder möchte sich angesprochen fühlen, deshalb die Zuhörer ansehen und in der Runde umherschauen.

Wer häufig reden muß, sollte sich hin und wieder auf solche kleinen Schönheitsfehler hin überprüfen. Spiegel und Tonbandgerät sind unbestechliche Berater.

Um es noch einmal zusammenzufassen: Anfang und Ende eines Vortrags beeindrucken den Zuhörer am stärksten. Der Anfang, weil er

neugierig auf die Person und auf die Rede macht; das Ende, weil es als Gesamteindruck im Gedächtnis der Zuhörer am lebendigsten haften bleibt. Es lohnt sich also, die Worte für Beginn und Schluß einer Rede besonders sorgfältig zurechtzulegen. Die folgenden Redebeispiele sollen dabei eine Hilfe sein. Selbstverständlich ist keine der Ansprachen wortwörtlich zu übernehmen; sie können nur als Muster dienen, die sich jeweils mit individuellen Erlebnissen und eigenen Anmerkungen würzen lassen. Denn erst die ganz persönliche Ansprache färbt ja eine Rede mit der besonderen Note.
Entsprechend sind die Reden auch verwendbar für andere Anlässe als die jeweils überschriebenen. Mit geringfügigen Änderungen lassen sich die meisten Beispiele so umformulieren, daß sie für die gewünschte Gelegenheit passen. Angst vor einer Ansprache sollte überflüssig sein, Lampenfieber ist normal – aber reden kann jeder! Napoleon würde sagen: „Rien n'est impossible!" – nichts ist unmöglich.

Im Familienkreis

Taufe

Ein Patenonkel oder eine Patentante

Liebe Eltern unseres Patenkindes,
verehrte Anwesende,

einem Täufling fehlt heute etwas ganz Entscheidendes: Früher hatte man die guten Feen, die mit reichlichen Wünschen und Gaben an die Wiege traten und alle Kräfte wirken ließen, damit diese Gaben im Laufe des Lebens Wunder vollbrachten. Heute gibt es nur Paten. Aber auch wir Paten wollen tun, was in unseren Kräften steht und das Werden und Wachsen unseres Patenkindes mit allen guten Wünschen und Aufmerksamkeiten begleiten.
Zwei Wünsche geben wir ihm besonders mit auf den Weg: Glück und Erfolg. Beides braucht der Mensch ein Leben lang. Wenn er Erfolg hat, kommt er als Krabbelkind frühzeitig auf die Beine, wenn er Glück hat, ohne Schrammen und Beulen. Glück braucht er in der Schule, wenn er die Hausaufgaben vergessen hat. Erfolg, wenn die Prüfung naht. Erfolg braucht er auch in der Fußballmannschaft (Handball), und ohne Glück landet er keinen Treffer. Was natürlich auch fürs Lottospielen gilt. Mit Erfolg stibitzt er vielleicht die Kirschen in Nachbarsgarten, Glück hat er, wenn er nicht erwischt wird. Glück braucht er bei den Frauen, Erfolg bei den Männern. Glück und Erfolg braucht der Mensch sogar beim Altwerden, denn nicht jedem gelingt das auf Anhieb.

So erhebe ich mein Glas und trinke mit euch auf unseren Täufling. Wir wollen ihm beistehen auf seinem Weg in die Zukunft:

Auf sein Glück!
Auf seinen Erfolg!

Ein Gast zur Zwillingstaufe

Liebe Freunde,
verehrte Anwesende,

es ist sicher ein feierlicher Augenblick, wenn Eltern ein Kind aus der Taufe heben können; unseren lieben Freunden hat der Storch gleich doppelte Freude ins Nest gelegt: Glück in zweifacher Ausfertigung! Und das erinnert mich an die vielen berühmten Doppel-Vorgänger: Romulus und Remus oder Kastor und Pollux, natürlich dürfen wir auch die Kessler-Zwillinge nicht vergessen – wenn eure Zwillinge auch so gut auf die Beine kommen, habt ihr nichts zu befürchten!
Wir wollen unseren beiden Neugeborenen aber nicht unbedingt den Ruhm aller berühmten Zwillinge wünschen; denn Ruhm kann auch zur Bürde werden. Ich hoffe jedoch von Herzen, daß ihnen immer ein guter Stern leuchten möge, der mindestens so hell strahlt wie die Zwillinge im Tierkreiszeichen.
Und darauf bitte ich alle Anwesenden, das Glas zu erheben und mit mir und den Eltern anzustoßen –

auf unsere Zwillinge!
Sie leben hoch!

Vater des Täuflings

Liebe Familie,
verehrte Freunde,

meine Frau und ich sind gerührt von den guten Wünschen und Beweisen liebevoller Anteilnahme bei der Geburt und Taufe unseres Kindes.
Wir beide werden uns nach besten Kräften bemühen, unsere Tochter (unseren Sohn) so aufzuziehen, daß sie (er) später einmal mit etwas Wohlwollen an ihre (seine) Kindheit, an ihre (seine) Jugend und auch an ihre (seine) „alten" Eltern zurückdenkt. Und dabei seid besonders ihr, liebe Paten, eine große Unterstützung. Nicht daß ihr uns das Erziehen abnehmen sollt; aber es könnte ja sein, daß wir Eltern uns vielleicht zu sonderlichen Kauzen entwickeln, die manches an ihren Kindern einfach nicht sehen oder verstehen wollen. Dann, liebe Paten, laßt euch nicht abhalten, uns den Kopf zurechtzurücken. Aber bitte diskret!
Ich merke, daß ich schon anfange, Sicherungen einzubauen. Dabei ist dieses kleine Wesen noch nicht einmal aus den Windeln. Ihr seht, es geht schon los, auf uns müßt ihr auch aufpassen! Darum vergeßt nicht, daß wir euch brauchen, und erlaubt zum Schluß, daß wir nicht nur auf das Wohl des Kindes anstoßen, sondern auch einmal auf die Kraft der besorgten Eltern!

Wohlsein!

Begleitspruch zu einem silbernen Taufbecher

Das Trinken soll, ob groß, ob klein,
der Mensch niemals vergessen.
Drum sei in diesem Becherlein
der Trunk nie knapp zu messen.
Das Leben soll dir Gut und Glück
und lauter Freude schenken.
Schaust du gelegentlich zurück,
so magst du an uns denken.
Heut bist du klein; doch wirst du groß
und sprengst die Windelhüllen,
so möge dir ein gutes Los
den Lebensbecher füllen.

Kommunion und Konfirmation

Ein Gast

Liebe Barbara (lieber Markus),

für dich ist heute ein ganz besonderer Tag, das sagen dir nicht nur die Geschenke, Blumen und dieser feierlich gedeckte Tisch. Du bist heute der Mittelpunkt in unserer kleinen versammelten Runde, und wir wissen alle, warum wir diesem, deinem großen Tag solche Bedeutung geben. Über den Anlaß und Sinn deiner Heiligen Kommunion hast du heute in der Kirche bereits eine ganze Menge gehört, und ich bin sicher, mit deinem wachen Verstand hast du begriffen, worum es geht. Neue Ratschläge brauchst du deswegen nicht.
Eines möchten wir dir noch sagen. Du bist heute zwar zu einem vollwertigen Mitglied der Kirche geworden, aber du bist und bleibst auch ein sehr ernst zu nehmendes Mitglied deiner Familie. Und das ist etwas sehr Kostbares. Familie und Freunde zu haben, ist ja nicht immer selbstverständlich. Sicher hast du bei deinen Schulfreunden auch schon Beispiele erlebt, wo es anders ist.
Und deswegen wollen wir dir heute hier sagen, daß wir alle – deine Familie und die Freunde deiner Eltern – dir nach besten Kräften beistehen werden auf deinem Lebensweg. Wenn du einen kleinen oder großen Kummer hast, oder wenn du einen Rat brauchst, wir sind für dich da. Und mit dieser beruhigenden Gewißheit wirst du ganz sicher dein Leben tapfer meistern. Das solltest du wissen, wenn dieser bedeutsame Tag zu Ende geht.

Einen ganz besonderen Schluck auf dein Wohl!

Der Vater auf seinen Sohn

Lieber Alexander,
liebe Familie,
liebe Gäste,

meine Frau und ich danken euch, liebe Gäste, daß ihr heute zu uns gekommen seid, um mit uns Alexanders Konfirmation zu feiern. Für dich, Alexander, ist dieser Tag von ganz besonderer Bedeutung, auch wenn sich äußerlich zunächst gar nichts ändert. Du gehst weiterhin zur Schule. Dein Berufsziel muß sich erst ergeben. Bei der heutigen Situation auf dem Arbeitsmarkt kann man die Berufschancen überhaupt nicht übersehen. Wir können nur hoffen, daß du dein Abitur schaffst (mittlere Reife, etc.) und dir mit einem brauchbaren Notendurchschnitt selbst einen günstigen Absprung erarbeitest. Bis dahin bleibst du ja sicherlich in deinem Elternhaus, denn auch du hast bestimmt schon längst eingesehen, daß kaum jemand dich mehr verwöhnt als deine Mutter!
Eine Weile bleibt also alles noch beim alten. Trotzdem hat sich etwas geändert – Eltern wollen das nie so gern und gleich wahrhaben – denn die Konfirmation ist der erste Schritt in die Selbständigkeit. Zumindest glaubensmäßig hast du es heute bestätigt bekommen, daß du von nun an selbst entscheiden kannst. Auch die Tatsache, daß deine Paten, die sich bislang immer so nett um dich gekümmert haben, aus ihrer Pflicht offiziell entlassen worden sind, wird für dich ein Zeichen des Umbruchs sein. Ich darf da gleich ein Wort an die Paten einflechten
Alexander und wir Eltern danken euch sehr herzlich für all die Aufmerksamkeiten und Geschenke, über die sich Alexander bei seinen Geburtstagen und bei anderen festlichen Gelegenheiten immer sehr gefreut hat. Aber wir hoffen, daß ihr Alexander auch weiterhin nicht vergessen werdet und daß ihr ihm nach wie vor mit dem Schatz eurer

Erfahrungen beisteht. Auf den Tip einer Patentante oder eines Patenonkels geben Kinder ja zeitweilig mehr als auf die guten Ratschläge ihrer Eltern.
Wir Eltern nehmen bekanntlich im Laufe des Lebens unserer Kinder eine merkwürdig wechselnde Rolle ein.
Mit 3 Jahren sagt der Sprößling noch: „Pappi kann alles".
Mit 6 Jahren schränkt er schon ein: „Pappi kann fast alles".
Mit 9 Jahren heißt das Urteil ganz lapidar: „Pappi kann nix".
Mit 12 Jahren: „Mein Alter ist hoffnungslos vertrottelt".
Mit 15 Jahren ist der „Olle" total verstaubt: „Der Vati gehört in den Besenschrank". – Wenn ihr mich also demnächst sucht, dann guckt mal in den Besenschrank! –
Die Entwicklung ist aber noch nicht abgeschlossen. Sie bekommt mit 18 eine überraschende Wende: „Mein Vater hat manchmal recht", sagt der Sproß doch tatsächlich. Mit 20 findet der Sohn sogar: „Der alte Herr ist ein prima Kerl". Und ab 25 heißt es dann nur noch: „Papa ist ein dufter Kumpel, ich mach' alles genauso wie er!"
Eine bessere Karriere kann ein Vater eigentlich kaum machen. Und ich muß sagen, ich freue mich schon jetzt auf die Zeit, wenn ich dein Kumpel sein darf, lieber Alexander. Doch solltest du aus Versehen diese Auszeichnung schon vorher vergeben, so werde ich sie mit Stolz und Würde zu tragen wissen. Das verspreche ich dir, und darauf stoße ich schon jetzt mit dir und unseren Gästen an.

Auf dich, Alexander!

Der Vater auf seine Tochter

Liebe Gäste,
liebe Familie,
liebe Stefanie,

der heutige Tag ist ein großer Einschnitt in deinem Leben, du hast ihn mit Herzklopfen herbeigesehnt. Nachdem der Pfarrer dir bereits eine ganze Menge Nachdenkenswertes aus dem christlichen Glauben mit auf den Weg gegeben hat, möchte ich dir auch von deinen Eltern einiges ans Herz legen, was uns heute – am Tag deiner Konfirmation – besonders bewegt.

Wenn ich mich umschaue und die vielen Blumen und Geschenke sehe, so muß ich feststellen: Du bist sehr verwöhnt worden! Natürlich freuen sich Eltern besonders darüber, wenn sie von Außenstehenden bestätigt bekommen, daß ihre Kinder beliebt sind. Du hast diese Zuneigung aber auch verdient, liebe Stefanie, denn ohne Übertreibung kann ich hier einmal offen aussprechen, was deine Mutter und ich oft gesagt haben: du hast uns immer Freude gemacht. Selbst in den mehr oder weniger schwierigen Jahren – die ja noch nicht ganz vorbei sind! –, wenn du nicht wußtest, ob du lachen oder übelnehmen solltest, hast du dich zumindest bemüht, freundlich zu sein. Natürlich haben wir auch hin und wieder Unstimmigkeiten. Es wäre wohl unnormal, wenn es nicht so wäre! Bei den Schularbeiten zum Beispiel müssen wir dich manchmal etwas anstupsen oder motivieren, wie das heute so schön heißt. Denn es läßt sich kaum vermeiden, daß hie und da auch einmal eine Arbeit daneben geht. Aber dann erleben wir bei dir immer wieder ein merkwürdiges Phänomen: Deine Zeugnisse fallen trotzdem gut aus! Du hast also bewiesen, daß du konzentriert arbeiten kannst, wenn es darauf ankommt.

Und das ist im Leben das wichtigste: Man soll ruhig mal fünfe gerade sein lassen; aber wenn es notwendig ist, muß man zur Stelle sein.

Über deine Berufsziele, liebe Stefanie, ist noch nicht das letzte Wort gesprochen. Du hast zwar deine bestimmten Wünsche und Vorstellungen – so hast du beispielsweise gerade gestern noch mit aller Entschiedenheit betont, daß du bestimmt nichts mit Mathematik anfangen wirst. Aber die Interessen – und auch die Fähigkeiten! – verändern und verbessern sich ja im Laufe der Zeit.
Eines geben deine Eltern dir heute besonders mit auf den Weg. Du kannst dich darauf verlassen, daß wir dich nicht im Stich lassen und dich nach besten Kräften beraten werden, wenn du vor den wichtigsten Entscheidungen deines Lebens stehst. Du wirst mir zugeben, daß wir dich im großen und ganzen ziemlich gut kennen, manchmal besser als du dich selbst! Wir hoffen darauf, daß es noch lange so bleibt und daß wir uns als deine engsten Berater betrachten dürfen (bis ein männliches Wesen kommt und sich mit dir davonstiehlt!).
Wenn die Gläser alle gefüllt sind, wollen wir uns erheben und miteinander auf dein Wohl anstoßen.

Auf deine glückliche Zukunft, Stefanie!

Patentante (-onkel) zum Patenkind

Liebe Anwesende,
liebe Claudia (lieber Marcus),

es ist für mich eine große Freude, diesen Tag mitzuerleben, an dem du nun heute konfirmiert worden bist. Als deine Eltern mich damals fragten, ob ich deine Patentante (Patenonkel) werden wollte, habe ich mit Begeisterung ja gesagt, denn ich war stolz auf mein Amt. Pate sein bedeutet ja nicht nur, pünktlich Geschenke abzuliefern und hin und wieder mal zum Kaffeetrinken zu kommen, sondern man hat mit dem Amt auch ein bißchen Verantwortung übernommen.
Versteht mich nicht falsch, ich meine damit nicht, daß ich mich in die Erziehung einmischen wollte. Das haben deine Eltern ganz prima hinbekommen. Ich meine damit die stille Verpflichtung, da zu sein, falls deine Eltern aus irgendeinem Grund – durch Krankheit oder Abwesenheit – einmal vorübergehend nicht in der Lage sein sollten, für dich zu sorgen. Es ist kaum vorgekommen; so könnte ich mir auf die Schulter klopfen und mir sagen, du hast dein Amt mit Erfolg zum Abschluß gebracht. Denn offiziell ist mit dem heutigen Tag ja meine Mission beendet.
Aber ich meine, diese stille Verpflichtung geht weiter.
Genauso wie ich mich nur schwer damit abfinden kann, daß du nun nicht mehr mein „kleines" Mädchen („kleiner" Bub) bist, sondern ein Mensch mit zunehmend eigener Verantwortung, genauso wenig solltest du mich nun ganz aus deinem Herzen verbannen. Ich will damit sagen, du sollst wissen, daß ich weiter für dich da bin, und wenn du irgendein Problem hast, dann frag' auch mal deine Patentante (Patenonkel). Sie (er) weiß vielleicht auch Rat oder Hilfe; meine Tür steht jedenfalls jederzeit für dich offen. Dies möchte ich dir heute mit auf deinen sicher erfolgreichen Weg geben. Ich habe deine Entwicklung

lange genug verfolgt, um sagen zu können: Um dich braucht niemand Angst zu haben, du wirst deinen Weg machen!
Ich finde, wir haben wieder einmal einen Grund, dich hochleben zu lassen, und so bitte ich alle Anwesenden, das Glas zu erheben und mit mir auf das Wohl meines Patenkindes zu trinken, auf das ich stolz bin.

Claudia (Marcus) lebe hoch!

Der (die) Konfirmand(in) dankt

Liebe Eltern,
liebe Gäste,

mein Vater sagt mir dauernd: Versuch' später bei jeder Gelegenheit, das Reden zu üben, nur so lernst du es!
So kann ich eigentlich gar nicht anders, als heute meine erste Rede zu versuchen, denn diese Gelegenheit geht mich ja ganz persönlich an. Seid bitte nicht so streng mit mir, wenn es noch nicht so flüssig geht.
Ich mach's auch kurz und nutze die Möglichkeit, um euch, liebe Eltern, von ganzem Herzen zu danken für alles, was ihr bisher für mich getan habt. Ganz besonders für diesen schönen Tag, den ihr so festlich für mich gestaltet habt.
Ich werde mich ebenfalls anstrengen und versuchen, meinen Weg so zu machen, daß ihr hoffentlich nie von mir enttäuscht seid.
Damit bin ich am Ende meiner Rede und sage nur noch ein Wort:

Prosit!

Verlobung

Begrüßungsworte vom Vater der Braut

Liebe Familienangehörige unseres Brautpaares,
liebe Freunde,
und ganz besonders: liebes Brautpaar,

wir haben ja schon vor einiger Zeit entdeckt, daß in unserem Hause ein Schwelbrand ausgebrochen ist. Anders als bei den gelegentlichen Strohfeuern unserer Tochter war diesem Schwelbrand mit dem Feuerlöscher absolut nicht beizukommen. Im Gegenteil, alle vorsichtigen Feuerbehandlungsmethoden haben diesmal die Flammen nur noch höher getrieben. Wir wissen inzwischen ja auch, warum: Sie bekamen Nahrung von zwei Seiten.
Und das ist gut so. Wir haben dich, lieber Robert, kennen und schätzen gelernt als einen sympathischen jungen Mann, der unsere Barbara glücklich machen wird, denn das ist die größte Sorge für alle Eltern – die glückliche Zukunft ihrer Kinder.
Ihr beide habt in euren Berufen schon einiges geleistet, ihr werdet euch mit gemeinsamer Energie ganz sicher ein gemütliches Zuhause einrichten, das habt ihr eurer Sparsamkeit und eurer Begeisterung über jede gemeinsame Errungenschaft – und sei sie auch noch so klein – schon mehrfach bewiesen.
Deswegen wünschen wir euch heute, daß euer Feuer nie verlöschen möge, sondern daß daraus eine wärmende Dauer-Glut wird. Denn diese Glut wird einer der wichtigsten Zentralpunkte eures gemeinsamen Lebens sein. Manches Problem läßt sich so viel leichter lösen, wenn man der Wärme vom anderen sicher sein kann. Natürlich muß die Glut gepflegt werden, ihr dürft das Nachfeuern nie vergessen!

Aber ich glaube, so entflammt wie ihr da vor uns sitzt, werdet ihr damit keine Schwierigkeiten haben.
Eure Glut verträgt es sogar, daß wir sie kräftig begießen, und das wollen wir jetzt mit einem großen Schluck tun. Ich bitte, die Gläser zu erheben und anzustoßen:

Auf eure gemeinsame Zukunft!

Vater (oder Mutter) des Bräutigams

Liebe Daniela, lieber Peter,
liebe Anwesende,

mein lieber Vorredner hat schon das wichtigste gesagt, was wir Eltern euch ans Herz legen möchten und mit auf den Weg geben wollen. Als Vater (Mutter) von Peter darf ich aber noch etwas ganz Persönliches hinzufügen. Wir Eltern sind von Herzen froh, daß Peter eine so glückliche Wahl getroffen hat und wir ihn künftig in so guten Händen wissen. Seitdem wir dich kennen, liebe Daniela, sehen wir Peter eigentlich mit Beruhigung aus dem Hause gehen, denn wir kennen sein Ziel, und wir wissen, daß er eine gute zweite Heimat finden wird. Die schönste Gewißheit ist jedoch für uns, daß wir keinen Sohn verloren haben, sondern eine liebe Tochter hinzugewonnen haben!
Wir alle – und ich glaube, im Namen aller Anwesenden sprechen zu können – wünschen euch von ganzem Herzen, daß ihr glücklich miteinander werdet und daß ihr gemeinsam alle Hindernisse des Lebens mutig überwinden könnt.
Darauf sollten wir anstoßen mit einem Toast auf das Brautpaar:

Daniela und Peter, sie leben hoch, hoch, hoch!

Der Bräutigam

Liebe Anwesende,
liebe Eltern,

Daniela und ich haben mit großer Freude den netten Worten zugehört, die ihr uns mit auf den Weg gegeben habt. Bei so vielen guten Wünschen kann uns ja eigentlich gar nichts passieren!
Wir danken euch jedenfalls ganz herzlich, auch für die schönen Geschenke, mit denen wir heute überrascht und verwöhnt worden sind.
Einen besonderen Dank möchten Daniela und ich unseren Eltern sagen, die dieses Fest heute für uns gestaltet haben. Wir wissen, welche Mühe, Zeit und Kraft ihr auf euch genommen habt, damit dieser Abend so schön werden konnte, wie wir ihn jetzt genießen.
Ich finde, es ist an der Zeit, daß wir endlich auch einmal auf euer Wohl trinken!

Auf unsere Eltern!

Ein Verwandter oder Bekannter

Verehrte Anwesende,
liebe Gastgeber,
liebes Brautpaar,

eigentlich hatte ich gar nicht die Absicht, das Wort zu ergreifen, denn ich kann gar nicht besser formulieren, was meine Vorredner unserem Brautpaar mit eindrucksvollen Worten auf den Weg gegeben haben.
Aber ganz spontan fällt mir mein eigener Start an der Ehelaufbahn ein. Meine Frau wird sich noch genauso gut daran erinnern wie ich, denn heute können wir darüber zum Glück lachen. Damals hat es uns Verdruß gemacht.

Zu unserer Zeit war ja manches viel strenger, und auch die Eltern guckten strenger, wenn so ein Fremdling dahergelaufen kam und die Tochter des Hauses so mir nichts dir nichts mitnehmen wollte. So einfach machten sie es mir nicht, meine späteren Schwiegereltern. Ich muß allerdings dazu sagen, daß meine Frau und ich uns erst kurz vor der Verlobung kennengelernt hatten (dafür natürlich um so heftiger!). Meine Schwiegereltern hatten mich nur flüchtig gesehen, ich glaube, auch das nur hinter der Gardine! So waren sie also am Anfang ungeheuer mißtrauisch und skeptisch. Heute würde ich sagen, mit Recht! Wenn ich an meine eigene Tochter denke, würde ich noch viel mißtrauischer auf den Mann sein, der sie mir einmal wegschnappen will! Ich kam also – extra gewaschen und gestriegelt – mit einem Blumenstrauß zu meinen künftigen Schwiegereltern und wurde überhaupt nicht freundlich empfangen. Zuerst wurde ich regelrecht ins Verhör genommen, und dieses Verhör gipfelte schließlich in der empörenden Frage: „Können Sie überhaupt eine Familie ernähren?"
Ihr könnt über eine solche Frage nur lachen liebes Brautpaar. Ich bin damals davongerannt und habe denen beweisen wollen, daß ich eine Familie und noch einige mehr ernähren konnte. Es hat lange gedauert, bis ich wieder hingegangen bin. Später haben wir uns natürlich versöhnt. Meine Schwiegereltern haben sich inzwischen davon überzeugt, daß ich eine Familie ernähren kann, sie kommen gern und regelmäßig bei uns zu Tisch (manchmal öfter als uns lieb ist!).
Ich will damit nur sagen, nichts wird so heiß gegessen, wie es gekocht wurde. Ich war damals ein Heißsporn und habe hitzig reagiert. Im Laufe des Lebens lernt man, gelassener zu werden und im Umgang mit anderen Menschen nicht so empfindlich zu sein. Das gilt vor allem für Schwiegereltern.
Ich finde, wir sollten ihnen einen Schluck widmen. Sie haben es verdient!

Auf alle Schwiegereltern!

Polterabend

Der Hausherr

Liebe Gäste,

nachdem vor unserer Haustür der Scherbenhaufen zum Monte Scherbelino angewachsen ist, wird unserem jungen Brautpaar kaum etwas anderes übrig bleiben, als die erste Hausarbeit gemeinsam zu erledigen – und zwar vor unseren Augen! Wir sehen gern zu, wie ihr das macht!
Ich möchte aber die Gelegenheit nutzen, da nun vermutlich alle Polterabend-Mitstreiter versammelt sind, und Sie, verehrte Gäste sowie euch, liebe Freunde und Verwandte, sehr herzlich zu begrüßen und euch zu danken für die vielen herrlichen Blumen, die ja für uns sind. Für die Geschenke sollen sich die zwei Fast-Vermählten selbst bedanken.
Wenn ich sehe, was alles heute für euch angekommen ist, so kann ich nur sagen: Habt ihr ein Glück gehabt!
Die Scherben da draußen vor der Tür sind auch für euch. Sie sind ein Symbol und sollen euch auch in Zukunft Glück bringen, und auf dieses Glück möchte ich mit allen Gästen kräftig anstoßen.

Ein Kind überreicht den Brautschleier

Wenn dich morgen das Brautkleid schmückt,
wirf über das Haupt dir den duftigen Schleier
und hüll' in die zarten Falten dich ganz.
So ist die Zukunft auch sorgsam verhüllet,
nicht durchdringt die Schleier dein Blick.
Doch es steigen der Freunde Wünsche
auf zum Himmel für dich und dein Glück.

Nimm hin den Schleier, den ich dir biete.
Fern bleiben dir Sorgen und Not.
Doch was immer die Zukunft dir bringe,
folge frei deines Herzens Gebot.
Es gibt ja auf Erden kein Menschenleben,
das von Kummer und Sorge frei.
Doch wo die Liebe im Herzen wohnt,
sagt man, das leicht auch das Schwerste sei.
Es kann die Liebe ja Berge versetzen,
wenn sie nur treu ist, innig und wahr.
Drum halte fest sie in deinem Herzen,
und Segen geleite dich immerdar.

Eine kleinere Schwester überreicht den Brautschleier

Liebe Schwester,

Dein Traum in Weiß wird morgen wahr
mit dem Gang zum Traualtar.
Ich als deine kleine Schwester
ahnte lang' schon das Geknister
zwischen dir und deinem Liebsten.
Hört' euch heiße Schwüre piepsen,
denn ich lauschte wohlversteckt
hinterm Busch oft unentdeckt.
Verzeih' mir diese Infamie,
tu sonst so etwas wirklich nie.
Nimm zum Zeichen meiner Reue
heute dies Symbol der Treue.
Du bist zwar fest nun an der Leine –
vergiß trotzdem nicht mich – die Kleine!

Hochzeit

Der Brautvater

Liebe Familie,
liebe Gäste,
meine lieben Kinder,

nicht ohne innere Bewegung wird es mir gelingen, euch beiden Jungvermählten die richtigen Worte mit auf den gemeinsamen Weg zu geben, denn ganz objektiv kann ich dabei vermutlich nicht bleiben.
Bis heute war die Braut „unsere" Bettina, nicht deine, lieber Axel, wie es vor ein paar Stunden der Standesbeamte amtlich und später der Pfarrer kirchlich verkündet hat. Das bedeutete für uns Eltern, daß Bettina mit ihren kleinen und größeren Kümmernissen zu uns kommen konnte. Wir haben uns sozusagen als Erst-Instanz für sie gefühlt. Mit Freuden, kann ich nur sagen, denn du, Bettina, hast uns außer den üblichen Kleinigkeiten – wie hie und da eine vermasselte Arbeit oder der erste heftige Liebeskummer – nie ernsthafte Kopfschmerzen bereitet.
Um so schwerer nehmen deine Mutter und ich heute Abschied von dir. Wir werden uns an dein leeres Zimmer nur schwer gewöhnen können und vor allem an die Tatsache, daß du nun eine andere Erst-Instanz gefunden hast!
Axel, wir haben gegen dich nicht das geringste einzuwenden. Im Gegenteil, einen patenteren, sympathischeren Partner fürs Leben hätte Bettina sich gar nicht aussuchen können. Wir sagen deswegen mit vollem Herzen „ja" zu dir und eurer gemeinsamen Zukunft.
Was auch immer sie euch bringen möge, haltet fest zusammen, und laßt euch nicht beirren von Störungen – welcher Art sie auch sind –,

die euer gegenseitiges Vertrauen belasten wollen. Wenn das Vertrauen zwischen euch vorhanden ist, läßt sich alles im Leben ertragen, selbst ein Schicksalsschlag. Daß ihr davor bewahrt bleiben und euch immer euer strahlendes Lächeln von heute erhalten möget, das wünschen wir alle euch, denn deshalb haben wir ja so viele Gäste, damit sich all unsere Wünsche voll auf euch beide konzentrieren können.
Zum Schluß möchte ich euch ein Wort von Wilhelm Busch sagen, über das es sich lohnt einmal nachzudenken, wenn die Stimmung bei euch vielleicht einmal nicht so himmelhochjauchzend sein sollte wie heute. Ich lese den Spruch am besten vor, damit ich ihn richtig zitiere:

Haß als Minus und vergebens
wird vom Leben abgeschrieben.
Positiv im Buch des Lebens
steht verzeichnet nur das Lieben,
ob ein Minus oder Plus
uns verblieben, zeigt der Schluß.

Trinken wir auf das Plus in eurem Leben!

Auf die Brautjungfern

Liebe Mit-Gäste,

überall dort, wo gefeiert wird, sind Blumen zu finden. Blumen sind auch hier in Hülle und Fülle und geben dieser Hochzeitsfeier einen herrlichen, festlichen Rahmen. Ich sehe aber nicht nur Rosen und Nelken, sondern unter uns sind noch viel zartere und reizvollere

Blüten, ich meine unsere hübschen liebenswürdigen Brautjungfern, die diesem Fest eine ganz besondere Note verleihen.
Sie, meine lieben jungen Damen, sind das schönste Festsymbol, denn die Hochzeit ist ein Fest der Blüte, ein Fest des Lebensfrühlings. Wünschen wir dem jungen Hochzeitspaar, daß es zu jeder Jahreszeit seines gemeinsamen Lebens umgeben sein möge von so erfreulichen Symbolen der reifenden Gemeinsamkeit.
Laßt uns anstoßen auf die Zierden des Abends, die das Strahlen unseres Brautpaares erst richtig zur Entfaltung bringen. Trinken wir auf unsere blühenden Brautjungfern!

Ein Verwandter oder Bekannter

Liebes junges Ehepaar,
liebe frisch beförderte Schwiegereltern,

als langjähriger Beobachter der Familienszene unserer lieben Brauteltern (Bräutigameltern) nehme ich mir das Recht heraus, den jungen Ehemann (die junge Ehefrau) ein bißchen aufzuklären über die liebe, unumgängliche Verwandtschaft, in die er (sie) da hineingeraten ist.
Ich sehe den Hausherrn erblassen – keine Sorge, du kommst nicht ganz schlecht weg dabei lieber Paul. Abgesehen von ein paar kleinen Schwächen kann ich vom Brautvater tatsächlich nichts Nachteiliges berichten, so sehr ich mein Gedächtnis auch strapaziere. Ab und zu trinkt er ganz gern einen das stimmt. Aber Hand hoch: Wer tut das nicht? Sonntags geht er zum Fußballplatz und steht sich die Beine in den Leib. Dafür ist er an der frischen Luft und sieht viel wohler aus als wir, die wir von der schlechten Luft am Stammtisch nicht genug bekommen können. Stammtisch hin oder her – das muß man unserem Paul lassen, seine Familie geht vor.

Manchmal sind wir – seine Freunde – ja richtig neidisch oder mißtrauisch, wenn der Paul schon wieder vorzeitig abschleicht, um dich, liebe Karin noch vor dem Einschlafen zu begrüßen. Offen gestanden hatten wir den Paul sogar schon im Verdacht, daß irgendwo ein anderer heimlicher Magnet ihn zieht, aber alles Fehlanzeige. Der Mann geht wirklich nach Hause. Nun muß man allerdings seine liebe Frau, unsere Karin, kennen.
Da sitzt sie ganz zurückhaltend und mag es gar nicht, wenn von ihr gesprochen wird. Trotzdem muß du es dir einmal sagen lassen, ob du es nun hören willst oder nicht. Der geheime Mittelpunkt in der Familie unserer Braut (unseres Bräutigams) bist du, liebe Karin. Du sorgst für Ausgleich und Harmonie. An dir liegt es, wenn der Paul immer gut lachen hat. Du verbreitest die heitere Stimmung, die gute Laune, du steckst sie alle an. Ich habe einmal versucht, deinem Geheimrezept auf die Spur zu kommen. An deiner ausgezeichneten Küche allein kann es nicht liegen, auch wenn wir dir schon längst dafür einen Stern hätten verleihen müssen. Es muß noch etwas anderes dahinterstecken. Und ich glaube herausgefunden zu haben, was es ist. Du hast das Talent, aus allen Situationen des Lebens das beste zu machen. Du läßt dich nicht unterkriegen, auch nicht von Nackenschlägen. Und wenn es etwas zu feiern gibt, dann bist du erst recht ganz obenauf mit deinem Charme und deiner Liebenswürdigkeit. Dies nenne ich lebenspatent.
Es lohnt sich, dieses Lebenspatent weiterzugeben an unser junges Ehepaar etwa nach der Devise

Ob gut, ob schlecht das Jahr auch sei –
ein bißchen Frühling ist immer dabei!

Man muß ihn allerdings begießen den Frühling, damit er grün bleibt. Ich finde, wir fangen gleich damit an:

Auf den Frühling!

Der Bräutigam dankt

Liebe Hochzeitsversammlung,
aber vor allem: Liebe Eltern und Schwiegereltern,

nach den vielen netten Worten, die meine Vorredner für meine Frau und mich gefunden haben, möchte ich allen Anwesenden ein großes Dankeschön sagen.
Dank für die lieben Wünsche, die wir beide sehr gut brauchen werden können. Dank für die guten Ratschläge, die wir uns einen nach dem anderen zu Herzen nehmen werden – hoffentlich den richtigen zur rechten Zeit!
Herzlichen Dank vor allem auch für die Geschenke. Ich habe das Gefühl, unser Hausstand ist auf Jahre hinaus perfekt; denn Sie haben weiter gedacht, als wir mit unserem noch unterentwickelten Haushaltsverstand überhaupt vorausschauen konnten.
Bleibt mir zum Schluß noch ein ganz besonderes Dankeschön an unsere Eltern, die sich viele Überlegungen, Mühe und Arbeit gemacht haben, um uns diesen schönen Tag so festlich zu ermöglichen. Ich hoffe, für euch brechen nun erholsamere Zeiten an, da wir „endlich" aus dem Haus sind.
Von nun an werden Katrin und ich – genau wie andere Gäste auch – bei euch klingeln müssen, wenn wir euch besuchen wollen. Unsere Haustürschlüssel geben wir euch hiermit feierlich zurück. Mit Freuden zwar, aber auch nicht ohne Wehmut. Denn es hängen auch die Schlüssel zu unserer Kindheit und Jugend mit am Bund. Hebt sie gut für uns auf, und verschließt uns nicht die Tür, wenn wir Sehnsucht bekommen. Wir haben zwar von jetzt an unseren eigenen Haustürschlüssel, aber er ist sehr neu und hat noch Kanten. Es wird sicher noch eine Weile dauern, bis er die gleiche vertraute Griffigkeit bekommt, mit der sich auch die verschlossensten Winkel unseres neuen Zuhauses aufsperren lassen.

Wir versprechen euch, die neuen Schlüssel mindestens so gut zu hüten wie die alten, damit sie uns Zugang verschaffen zu all dem, was noch unerschlossen vor uns liegt.

Nochmals Dank an alle und ein herzliches
Prosit!

Silberne und goldene Hochzeit

Ein Verwandter oder Bekannter

Liebes Silberpaar,

ein Vierteljahrhundert gemeinsamen Lebensweg sollt ihr bereits hinter euch gebracht haben? Wenn ihr uns nicht ausdrücklich zu eurer Silbernen Hochzeit eingeladen hättet, wären wir versucht, euch für Hochstapler zu halten, denn als Teenager habt ihr doch nicht gerade geheiratet!
Ich frage mich, wie ihr es gemacht habt, euch so jugendlich über die Jahre hinüberzuretten. Wenn ich mich im Spiegel betrachte und meine drei Haare zähle, dann schäme ich mich fast; denn du, lieber Wolf, hast mindestens noch zehn auf dem Kopf. Und dir, liebe Katharina, haben die 25 Jahre neben dem Wolf anscheinend überhaupt nichts ausgemacht. Du siehst weder zermürbt noch zerrupft aus. Da scheint eine geheime Arznei, irgendein Engelsbalsam, im Spiel zu sein. Ich weiß, was du jetzt sagen willst, lieber Wolf. Aber vom Teufelswasser hört man eher das Gegenteil!
Die Jahre sieht man euch jedenfalls nicht an. Höchstens an euren erwachsenen Kindern kann sich jeder ausrechnen, daß alles seine Ordnung hat. Ich muß nun doch einmal ein bißchen in den Jahren zurückblättern und überlegen, wie eigentlich alles angefangen hat zwischen euch. Damals sagte die Braut zu ihren Freunden, ehe sie dem Bräutigam ihr Jawort gab: „Ratet mir gut, aber ratet mir nicht ab!“ Wie man sieht, ist der Rat gut ausgefallen, sogar ausgezeichnet, denn alles, was ihr zwei gemeinsam angepackt habt, ist euch gelungen. Du, lieber Wolf, hast Glück in deinem Beruf gehabt. Dank der unermüdlichen Unterstützung von Katharina, die alles an deiner Seite mitgemacht hat, ließ der endgültige Durchbruch zu deinem Erfolg nicht lange auf sich

warten. Katharina hat mit liebenswürdiger Bestimmtheit Kinder und Haushalt unauffällig gemanagt, obwohl auch sie in ihrem Beruf mit zäher Energie ihr Ziel erreicht hat. Dazu gehören schon Ausdauer, Mut und Kraft.

Liebes Silberpaar, wenn ihr beide diese Eigenschaften nicht hättet – säßen wir heute dann in dieser gepflegten Häuslichkeit? Ihr habt Stück für Stück mit Liebe und Geschmack zusammengetragen. Einiges davon mit unerschütterlichem Optimismus. Wo mancher von uns schon längst aufgegeben hätte, habt ihr unbeirrt erreicht, was ihr als Ziel ins Auge gefaßt hattet. Dafür bewundern wir euch, um so mehr, als ja auch wir, eure Freunde, ein Teil eurer Sammel-Leidenschaft sind, denn selbstverständlich zählen wir uns zu den besten Stücken!
Behaltet weiter euer gutes Augenmaß, eure gute Laune und Übereinstimmung, und bleibt euren besten Stücken weiter treu, damit wir die Goldene Hochzeit genauso fröhlich mit euch feiern können wie diesen Tag heute.

Trinken wir auf euch und auf die besten Stücke!

Der Silberbräutigam

Liebe Freunde,
liebe Familie, liebe Kinder,
meine liebe Angelika,

dieses Fest heute ist ohne euch alle undenkbar. Für mich selbst ist es immer noch unbegreiflich, daß schon so viel Zeit vergangen sein soll seit unserer grünen Hochzeit vor 25 Jahren.
Vieles hat sich in der Zwischenzeit ereignet, Ernstes und Fröhliches; zum Glück hat das Heitere das Übergewicht behalten. Ich bin euch allen, die ihr vor mir sitzt, dankbar, daß ihr all die Jahre mit mir ausgehalten habt, womit ich ganz besonders dich, liebe Angelika, meine, denn du mußtest ja den größten Teil davon mit mir ausstehen. Und das war vermutlich nicht immer so einfach.
Haltet mir und uns beiden weiter die Treue wie bisher, und steht auch unseren Kindern bei auf ihrem Weg in die Ungewißheit der Zukunft! Ich bitte euch alle, die Gläser zu erheben und mit mir anzustoßen:

Auf die Gemeinsamkeit!

Ein Sohn (oder eine Tochter)

Liebe Eltern,

im Reden bin ich noch nicht sehr geübt, darum möchte ich meine Gedanken kurz fassen und euch nur mit ein paar Sätzen sagen, was mich heute, am Tage eurer Silbernen Hochzeit, beschäftigt.
Ich finde, es ist euch hoch anzurechnen, daß ihr nach so vielen Jahren immer noch beieinander seid – und das auch noch schön findet. Wenn ich mich in meinem Freundeskreis umschaue, so ist es bei den Eltern anscheinend nicht selbstverständlich.
Ganz egoistisch muß ich sagen, wir Kinder haben davon nur profitiert, daß ihr beide euch gut verstanden habt; ich glaube kaum, daß wir es sonst so lange in unserem Elternhaus ausgehalten hätten. Es spricht also nur für euch, wenn ihr uns nur schwer „losgeworden“ seid.
Und dafür, daß ihr beide uns eine so unkomplizierte und unbelastete Kindheit ermöglicht habt, an die wir immer mit Freude zurückdenken werden, möchte ich euch heute – auch im Namen meiner Geschwister – sehr herzlich danken. Ihr seid uns Vorbild und wir werden unser Bestes tun, damit unsere Kinder von uns später einmal ähnliches sagen können.

Auf daß ihr euch weiterhin so gut versteht!

Ein Sohn oder eine Tochter

Liebe Eltern,

wenn man sich mit dem Wort Gold näher beschäftigt, stellt man fest, daß es in jeder Hinsicht mit positiven Werten verbunden ist: Goldbarren, Goldesel, Goldjunge, Goldener Herbst – lauter angenehme Begriffe. Die Goldene Hochzeit kann dabei überhaupt keine Ausnahme bilden, denn die Jahre, die ihr beide gemeinsam verbracht habt, sind mit Gold gar nicht aufzuwiegen. Ich denke besonders an die wechselvollen Jahre, in denen du, lieber Papa, in deinem Beruf Erfolg und Mißerfolg immer wieder meisterhaft ausbalanciert hast, um schließlich das zu erreichen, worauf du heute stolz zurückblicken kannst. Mama hat dir stets tapfer zur Seite gestanden, und ich glaube, wenn du sie nicht gehabt hättest, wäre dir manches nicht so gut gelungen.
Heute können wir Kinder euch nur beneiden um euren gesicherten Lebensabend. Der Gedanke, daß ihr nun jeden Tag als Urlaub genießen könnt, während wir uns noch wer weiß, wie lange abstrampeln müssen, erfüllt uns manchmal geradezu mit Abgunst. Ihr werdet diese Worte – auch wenn heute Goldene Hochzeit ist – sicher nicht auf die Goldwaage legen, sondern wissen, daß wir euch von Herzen eure Dauerferien gönnen. Wir freuen uns über jeden Tag, der euren Urlaub verlängert, und wir wünschen euch für die nächsten Jahre die nötige Rüstigkeit, um jeden Tag gemeinsam voll auszukosten.
Laßt mich zum Schluß noch einen Dank aussprechen, der uns Kindern und euren Enkelkindern sehr am Herzen liegt. Der Dank gilt eurer Herzensgröße und eurem Engagement für uns, eure Nachkommen. Was ihr für uns alle getan habt, werden wir euch nicht vergessen; denn auch das ist mit Gold nicht aufzuwiegen.

Auf daß ihr noch recht lange gesund und munter unter uns seid!

Besondere Einladungen

Zum Geburtstag eines Freundes

Lieber Bernd,

es ist für mich eine ganz besondere Freude und Ehre, heute deinen -zigsten Geburtstag mit dir und deinen Angehörigen feiern zu dürfen. Als du mich anriefst, um mich einzuladen, hast du in meinem Gedächtnis eine ganze Lawine von Erinnerungen ausgelöst. Sie hat mich eine Weile ziemlich hartnäckig vom Arbeiten abgehalten!
Kannst du dir vorstellen, daß wir uns schon seit dem Kindergarten kennen? Ich muß dazu allerdings sagen, daß unsere erste Begegnung keineswegs Sympathie auf Anhieb brachte. Du hast mir Farben ins Gesicht geschmiert, und ich stülpte dir zum Dank den Kleistertopf über den Kopf. Bei der anschließenden Keilerei merkten wir beide dann sehr schnell, daß keiner den anderen unterkriegen konnte. Wir waren gleich stark. Und als wir das erkannten, drehte sich der Spieß plötzlich um: Wir wurden dicke Freunde. Seitdem haben wir uns eigentlich nie mehr gegenseitig verdroschen und auch nicht richtig verkracht; eher sind wir künftig mit vereinten Kräften gegen Rowdies gezogen und haben es denen doppelt gegeben.
Aus diesem Miteinander ist jedenfalls mit der Zeit eine kernige, zuverlässige Freundschaft geworden. Aber was das Erstaunlichste an dieser Kameradschaft ist: Nicht einmal unsere Frauen konnten uns auseinanderbringen, was immerhin nicht ganz selbstverständlich ist! Uschi und Birgit verstehen sich genauso prächtig wie wir zwei, und selbst unsere „gemeinsamen" Kinder kommen gut miteinander aus. Wenn einer unserer Familien in Schwierigkeiten oder Not ist – oder auch nur ein paar Kinder während einer Abwesenheit unterbringen will –, so ist die andere Familie zur Stelle, und darauf kann sich jeder von uns hundert-

prozentig verlassen. Ich finde, das ist kennzeichnend an einer guten Freundschaft: daß man nicht nur gern und ausgiebig miteinander feiert, sondern daß man auch in Bedrängnis, wenn einem also weniger feierlich zumute ist, aufeinander zählen kann.
Ich wünsche dir und uns allen, daß unsere Freundschaft noch lange Zeit so fest bleibt wie in all den vorangegangenen Jahren, und daß wir in so gemütlicher Runde noch manchen Tropfen trinken werden auf viele weitere Geburtstage und Lebensjahre. Sorg' dafür, daß die Gläser stets gefüllt sind, damit wir dich immer gebührend hochleben lassen können. Nun laßt uns alle miteinander anstoßen auf unseren Bernd:

Er lebe hoch!

Geburtstagskind dankt

Herzlichen Dank, mein lieber Peter, für deine wirklich herzlichen Worte und Wünsche zu meinem Geburtstag. Ich bin ganz überrascht, was dir zu meiner unbedeutenden Person alles eingefallen ist. Ich wollte, ich wäre tatsächlich der nette Kerl, den du da eben beschrieben hast, denn über meine Fehler und Schwächen weiß ich ziemlich gut Bescheid. Ich verspreche aber hiermit, daß ich den festen Vorsatz habe, mich dieses eben beschriebenen Menschen würdig zu erweisen, damit meine Familie und Freunde mich nie im Stiche lassen. Ich möchte noch viele Geburtstage in eurem Kreise feiern.
Laßt uns anstoßen auf alle (und alles), was wir liebhaben!

Prosit!

Ein Gast zum Namenstag

Lieber Christian,

das erste Geschenk unserer Eltern ist der Name, den sie uns am Tauftag geben. Sie haben lange überlegt, in Büchern geforscht, endlose Listen angefertigt mit unzähligen Namen, und sie dann alle wieder gestrichen. Kein Name war ihnen gut und bedeutsam genug für ihr eigenes, einmaliges Kind. Es sollte ein Name sein, der zum kurzen Nachnamen paßt, der auch abgekürzt nicht verstümmelt klingt und den es auch in anderen Sprachen gibt. So ist es also ein Christian geworden.

Einmalige Namen gibt es freilich so gut wie gar nicht. Aber jeder Mensch empfindet seinen Vornamen als ganz persönlichen Besitz. Je nachdem wie er ausgesprochen wird, fühlt sich der Träger des Namens auf besondere Art angesprochen: lieb, zornig, spöttisch, bewundernd, roh, zärtlich, streng, sanft. Der Name ist das Sprachrohr für das menschliche Miteinander.

Für uns, lieber Christian, verbindet sich mit deinem Namen eine Persönlichkeit, die wir alle außerordentlich schätzen und mögen – auch wenn wir uns gegenseitig hin und wieder deutlich die Meinung sagen. Wir wünschen dir, daß dein Name dir Glück bringt auf deinem hoffentlich ausgedehnten Lebensweg. Schließlich wollen wir immer wieder Grund haben, mit dir anzustoßen und dich hochleben zu lassen.

Unser Christian – er lebe hoch!

Eine Gastgeberin begrüßt Ihre Gäste

Liebe Gäste,

Reden und Schwatzen wird häufig als eine negative Eigenschaft gewertet und dann vor allem dem weiblichen Geschlecht zugeordnet. Daß letzteres ein übles Vorurteil ist, beweisen eine Menge Gegenbeispiele aus Männerrunden.
Nichtsdestotrotz – aber ist Schwatzen wirklich so etwas Verwerfliches? Ich frage mich manchmal, ob wir nicht viel zu wenig miteinander reden und plaudern. Häufig verbreitet ist die Meinung, daß in einer Welt, die so geschäftig und hektisch ist wie die unsrige, Plaudereien nur zeitraubend sind und ja doch nichts einbringen. Dabei sind persönliche Gespräche doch eigentlich der Motor unserer Seele. Die, die wir unserem Wesen nach auf Geselligkeit und das Miteinander angelegt sind, würden krank ohne private Kontakte und dem gelegentlichen Schwätzchen in gemütlicher Runde.
Und um dieser Krankheit vorzubeugen, habe ich Sie heute zu mir eingeladen. Es freut mich, daß Sie so zahlreich den Weg hierher gefunden haben und hoffe, daß sich sehr viel Gesprächsstoff findet, aber bitte nur ganz wenig dienstlicher. Für Ihr leibliches Wohlempfinden sind ein paar Kleinigkeiten im Nebenzimmer angerichtet. Zum Trinken ist auch genug da. Jeder nimmt sich am besten, was er mag.
Bleibt mir nur noch zu sagen:

Guten Appetit und zum Wohle!

Damenrede zu vielen Gelegenheiten

Sehr verehrte, liebe Damen,

schon der Jüngling Paris kam in der griechischen Mythologie in eine arge Zwickmühle. Als der Ärmste auf einer Weide Schafe hütete, traten drei Damen an ihn heran und baten ihn um Schiedsrichtertätigkeit in einem brisanten Streit: Er sollte entscheiden, welcher von ihnen der goldene Apfel als der Schönsten zukam. Eris, die Göttin der Zwietracht hatte sich sinnigerweise diesen Wanderpokal ausgedacht.
Bei den drei Schönheitskonkurrentinnen handelte es sich um die göttlichen Damen Hera, Athene und Aphrodite, und wir wissen aus der Legende, daß der Streit zugunsten von Aphrodite ausging. Sie hatte nämlich zuvor den Paris bestochen und ihm Helena versprochen, die schöne Spartanerkönigin. Paris raubte sich seinen appetitlichen Preis mit Hilfe der Apfelgewinnerin Aphrodite und entfesselte dadurch bekanntlich den Trojanischen Krieg, denn immerhin war die Dame bereits mit dem berühmten Menelaos verheiratet.
Ich brauche diesen kleinen Anlauf, meine lieben Damen, um Ihnen meine Situation begreiflich zu machen. Einerseits möchte ich gern jeder von Ihnen den goldenen Schönheitsapfel überreichen, andererseits will ich auf keinen Fall so etwas wie den Trojanischen Krieg heraufbeschwören. Ich bitte also um Nachsicht, wenn ich Ihnen insgesamt das höchste Kompliment ausspreche, das wir Männer zu vergeben haben: Sie sind die schönsten Juwelen unseres Lebens, denn ohne Frauen wären wir schmucklos, freudlos, resonanzlos. Wer versteht uns Rauhbeiner besser zu nehmen als die Damen mit ihrem weit höher entwickelten Feingefühl für alles Menschliche und Unmenschliche! Wir Männer haben ja ein denkwürdiges Talent zum Porzellanzerschlagen. Sie, meine Damen, können uns vor den schlimmsten Schäden bewahren oder – wenn's ganz arg kommt – die Bruchstellen besser kitten als wir. Das liegt nicht nur an Ihrem ausgeprägten Einfühlungsvermögen, sondern auch an Ihrer Phantasie und Kreativität.

Ich glaube, wir Männer sind in dem ganzen Emanzipationsgeschrei nicht so taub, wie oft angenommen wird. Wir wollen das Kriegsbeil gar nicht ausgraben, denn wir wissen sehr gut, daß wir ohne Frauen nur die Hälfte wert sind. Das Schöne wird uns immer anziehen. Schönheit hat viele Namen, sie verbirgt sich auch hinter dem, was äußerlich nicht sogleich sichtbar wird. Und darum sollten wir der Schönheit die Krone, beziehungsweise den Apfel übergeben und unseren Damen ein dickes Kompliment aussprechen in Form eines überwältigenden Hochs:

Unsere Damen, sie leben hoch, hoch, hoch!

Auf einen Ehrengast

Meine sehr verehrten Damen und Herren,

unser fröhlicher Abend erhält einen ganz besonderen Akzent durch die Anwesenheit unserer(s) verehrten Frau (Herrn) Dr. Müller.
Wir alle wissen die Ehre zu schätzen, die Ihr Kommen für uns bedeutet.
Ich weiß, liebe, verehrte Frau (Herr) Dr. Müller, daß es Ihnen nicht angenehm wäre, wenn ich die Verdienste an die große Glocke hängen würde, die Sie sich in Ihrer interessanten Tätigkeit erworben haben.
Sie gehören zu den besonders liebenswerten Menschen, die in aller Stille und Bescheidenheit Gutes tun und mit klugem Rat jedem zur Seite stehen, der ihre wertvolle Hilfe braucht. Aber unseren Dank müssen und werden Sie entgegennehmen, und meine wenigen Worte werden Sie so verstehen, wie sie gemeint sind, als Ausdruck eines Herzensbedürfnisses.
Durch Ihre Anwesenheit in unserem Kreis verschönen Sie uns diesen Abend und machen ihn unvergeßlich.
Bitte, liebe Teilnehmer an dieser Tischrunde, erheben Sie mit mir Ihre Gläser auf das Wohl unserer hochverehrten, lieben Frau Dr. Müller!

Stegreifrede eines Gastes

Verehrte Anwesende,

„Entrüstung ist ein Zustand der Seele, der meistens dann einsetzt, wenn man erwischt worden ist“, sagt Wilhelm Busch.
Nun, mich hat‘s auch erwischt, denn ich soll hier aus dem Stegreif eine Rede halten. Aber meine erste Entrüstung hat sich sofort gelegt, und ich füge mich gern, denn mir sind die Gastgeber viel zu lieb und sympathisch, als daß ich mich lange anstrengen muß, um mir etwas Nettes zu ihrer Person einfallen zu lassen.
Ihr, liebe Ingrid und Jürgen, habt uns heute eingeladen, mit euch zu feiern. Wir sind gern gekommen, denn so lange ich zurückdenken kann, sind eure Feiern immer rundum gelungen gewesen, so daß ein Trottel oder Pechvogel zu nennen ist, der bei solchen Gelegenheiten verhindert war. Woran liegt es wohl, daß es sich bei euch so gut feiern läßt? Jürgen, du hast zwar immer fleißig und unermüdlich aus deinem Weinkeller herangeschleppt. Du mußtest ganz schön oft rennen bei unseren durstigen Kehlen. Aber das tut deiner schlanken Linie nur gut. So besehen können wir gar nicht genug Gründe finden, um das Glas zu erheben.
Einen ganz besonderen Schluck möchte ich jedoch deiner lieben Frau, unserer Inge widmen, die uns so rührend umsorgt und es immer wieder versteht, uns in eine festliche, stimmungsvolle Atmosphäre zu versetzen, die uns den Alltag vergessen läßt.
Habt Dank, ihr zwei, für eure glückliche Ader zur Geselligkeit. Bleibt weiter so, damit wir noch viele Gründe zum Wiederkommen haben!

Auf euer Wohl!

Der Gastgeber zum Jahreswechsel

Liebe Familie,
liebe Freunde,

ich schaue gerade auf die Uhr und sehe, daß wir uns in wenigen Minuten von dem alten Jahr verabschieden werden. Zeit genug, um noch einmal Rückschau zu halten und Bilanz zu ziehen. Haben sich alle Wünsche, die wir vor einem Jahr voller Hoffnung an das Läuten der Silvesterglocken geknüpft haben, erfüllt?
Mit Sicherheit nicht, aber viele kleine Überraschungen haben wir erlebt, und wir dürfen froh sein, daß wir im Vergleich mit anderem Elend auf der Welt verschont geblieben sind von großem Unglück. Die kostbarsten Werte des Lebens – Gesundheit, Liebe, Freude, Friede – sind uns erhalten geblieben, deshalb sollten wir nicht fragen: Was ist uns das alte Jahr schuldig geblieben, sondern was ist übriggeblieben von unseren guten Vorsätzen, die wir zu Beginn des scheidenden Jahres gefaßt haben?
Jeder von uns wird feststellen, daß er sich wie jedes Jahr ein bißchen zu viel vorgenommen hatte und daß er nicht alles einhalten konnte.
Deswegen wollen wir auch vorsichtig sein mit allzu großen Versprechungen gegenüber uns selbst. Wappnen wir uns lieber mit einem kräftigen Panzer gegen alles Unliebsame und Unabänderliche. Wenn wir unsere engsten und liebsten Lebensgefährten behalten dürfen und darüber hinaus bei guter Gesundheit bleiben, wollen wir schon dankbar sein. Mit gesunden Kräften erträgt sich alles leichter.
Schauen wir also zuversichtlich den nächsten 12 Monaten entgegen, freuen wir uns auf das Schöne, das es für uns bereithält, und stoßen wir an auf das gleich beginnende neue Jahr. Was immer es bringen wird – ein bißchen Frühling ist immer dabei!

Prosit Neujahr!

Gastgeber bei einer Weinprobe

Liebe Freunde des Weins,

ein Weinkenner besuchte einmal nach langen Jahren einen guten Schulfreund. Dieser freute sich über den überraschenden Besuch und holte eine Flasche Wein aus dem Keller. Der Freund probierte den ersten Schluck, betrachtete die Flasche und sagte daraufhin zwei Worte: „vinus bonus"!"
Nanu, dachte der Gastgeber, dein Freund scheint langsam vergeßlich zu werden. Früher war sein Latein besser. Um dem Gedächtnis auf die Sprünge zu helfen, holte er eine weitere Flasche aus dem Keller. Wieder trank der Freund einen Schluck, betrachtete das Etikette, und diesmal lautete sein Kommentar: „vinus bonum!"
Immerhin, dachte der Gastgeber, langsam erinnert er sich. Die zweite Flasche wurde leer, die Zungen lockerten sich, und abermals stieg der Gastgeber in seinen Weinkeller. Diesmal suchte er eine ganz erlesene Rebsorte aus, um seinem Freund eine besondere Ehre zu erweisen. Auch jetzt kostete der Gast einen Schluck, betrachtete die Flasche genüßlich, lehnte sich behaglich in seinem Sessel zurück und bemerkte zufrieden: „vinum bonum"!
Aha, dachte der Gastgeber, endlich stimmt der Fall. Er konnte sich aber nicht enthalten, seinen Freund nach der Ursache für das fehlerhafte Latein zu fragen. Die Antwort lautete kurz, aber direkt: „Wie der Wein, so's Latein!"
Liebe Freunde, in vino veritas, im Wein liegt Wahrheit, deswegen erzähle ich die Geschichte vorweg, denn ich möchte nicht, daß es mir so ergeht wie dem alten Schulfreund. Ich habe mich bemüht, meine besten Weine für euch zusammenzustellen. Wir werden einen Streifzug durch die verschiedenen Jahrgänge und Anbaugebiete machen, wobei wir uns langsam bis zu den Spitzenweinen steigern wollen. Die Zunge als unser empfindsamster Geschmacksmesser soll ja ganz behutsam

von Stufe zu Stufe höhergeführt werden; nur so ist sie vorbereitet auf das, was Weinkenner als die höchste Vollkommenheit einer exquisiten Winzerkunst genießen.
Laßt euch von den Rebsäften in fröhliche Schwingungen versetzen, und habt ein paar nette Stunden in meinem Weinkeller. Ich würde mich freuen, wenn ihr diesen Abend in angenehmer Erinnerung behaltet.
Wir beginnen mit einem . . . (Rebsorte), und sich sage nur noch dazu:

Sehr zum Wohle!

Der Hausherr auf seine verstorbene Ehefrau

Meine lieben Freunde,

ich danke euch, daß ihr zu mir in dieses leere Haus gekommen seid, dem die Seele und der fröhliche Geist fehlen, die uns bis vor kurzem umgeben haben. Meine liebe Frau, unser Mittelpunkt, ist von uns genommen worden. Sie hatte so gern Gäste und Geselligkeit. Ihr Platz, von dem aus sie immer so liebevoll, umsichtig und unauffällig das Leben in unserem Hause zu organisieren verstand, ist zwar leer; aber ihr guter Geist lebt weiter. Er wird uns in allem, was wir nun allein tun und erleben müssen, ständig wiederbegegnen, denn auch künftig werden wir in ihrem Sinn denken und handeln.
Dieses Bewußtsein, daß sie ja nur körperlich abwesend ist und daß ihr guter Geist mitten unter uns ist, gibt uns Trost und Zuversicht. Und so möchte ich euch bitten, mit mir das Glas zu erheben und auf den guten Geist dieses Hauses, der so ganz und gar der ihre war und ist, anzustoßen.
Unser liebevolles Gedenken gehört unserer geliebten, unvergessenen Alice!

Der Bauherr bei der Grundsteinlegung

Liebe Familie,
liebe Freunde,

ihr wißt alle, warum wir euch heute hierher gebeten haben: wir bauen unser erstes eigenes Heim. Das Ereignis hat uns schon so viele Schweißtropfen gekostet, daß wir zum Begießen reichlich Grund haben (daher ja auch der Name Grúndstein). Ich will meine Worte auf ein paar Stationen beschränken, die den Weg bis zu dieser Stelle so schweißreich machten. Für die Nachwelt ist es vielleicht einmal ganz interessant, durch welche Nöte und Instanzen ein Bauherr heutzutage hindurch muß, ehe er zu seinem eigenen „Häusle" kommt. Wir haben das wichtigste aufgeschrieben, um es nachher mit dem Grundstein zu versenken.
Die Familie freut sich übrigens über jeden Beitrag auch von Ihrer Seite, mit dem wir ein Stück Zeitdokument in dieser vorbereiteten Kassette einmauern wollen. Vielleicht ist es ein Pfennig, ein Gedicht, ein Zeitungsausschnitt mit den heutigen Kartoffel- und Eierpreisen. Über die Ölpreise wird sich in 100 Jahren sicher auch mancher wundern.
Nun aber kurz zu der Geschichte dieses Grundstücks. Die Schwierigkeiten fangen ja schon damit an, einen Platz zu finden, mit dem jedes einzelne Familienmitglied einverstanden ist. Ein ziemlich kompliziertes Unternehmen: Der Vater will ein ruhiges Grundstück, weil er vom Autolärm genug hat. Die Mutter möchte Bäume, möglichst mit Obst dran, für den Rumtopf und die Marmelade im Winter. Und wenn es nach dem Jüngsten gegangen wäre, müßte auch ein Bach durchlaufen, damit er seine Wassermühle bauen kann.
Das Grundstück haben wir gefunden. Wie ihr seht, trifft keine der Vorstellungen zu. Heute muß ja jeder froh sein, wenn er überhaupt noch

ein Grundstück bekommt. Und kaum daß er stolzer Grundbesitzer ist, geht es auch schon los mit den Vorschriften, Kosten, Laufereien. Wir wollen unsere Gäste nicht mit Einzelheiten langweilen, die es auf den interessanten und so langen Korridoren einer Baubehörde zu erleben gibt. Das muß jeder einmal selbst durchgemacht haben, wir wollen ihm den Spaß daran nicht verderben.
Ernst machen wollen wir aber jetzt mit der feierlichen Zeremonie. Ihr seht, hier steht der Eimer mit Speis, daneben die Kelle. Ich werde die Kassette jetzt mit allen Dokumenten in den Hohlblock einlassen, und anschließend bitte ich alle Anwesenden, mit einem Kellenschlag den Anfang unseres Häuschens mitzumauern.
Vorher bitte ich unsere Gäste jedoch, die Gläser mit uns zu leeren: auf daß sich auf diesem Grundstein alle Pläne und Träume verwirklichen!

Richtfest-Spruch

Auf dem Dach der grüne Kranz
krönt, was wir geschafft.
Und des neuen Hauses Glanz
zeigt der Arbeit Kraft.
Denn beim Schaffen, Mann für Mann,
taten wir das Beste.
Und beim heut'gen Feste
feiern wir, was wir getan.
Dieses Haus sei gegen Not
immerdar gefeit.
Sei von keinem Sturm bedroht
jetzt und allezeit!

Bauherr beim Richtfest

Liebe Gäste,
liebe fleißige Helfer an diesem Bau,

diesen Tag heute haben wir herbeigesehnt seit dem Tag, an dem wir den Grundstein eingemauert haben. Vieles ist in der Zwischenzeit gelaufen. Wir hatten mit Unwettern zu kämpfen, einmal sogar mit Schnee, der sich in der Jahreszeit geirrt hatte. Trotzdem wurde Stein auf Stein gesetzt. Auch ein Nierenstein kam uns in die Quere, unser lieber Herr . . . mußte eine Weile pausieren. Aber irgendwie ging es dennoch weiter, und wir durften eines Tages dem fröhlichen Hämmern unserer Zimmerleute lauschen – es klang wie Musik in unseren Ohren!
So stehen wir heute in dem halbfertigen Haus und freuen uns mit Ihnen über diesen ersten wichtigen Bauabschnitt, der ohne Ihre Hilfe und den Einsatz des Architekten, unseres lieben Herrn . . . nicht möglich gewesen wäre. Ihnen allen gilt mein Dank.
Wir haben dort, wo einmal die Küche sein wird, etwas Trinkbares und Eßbares aufgestellt. Nehmen Sie es als Zeichen unserer Dankbarkeit, und bedienen Sie sich tüchtig!
Ihnen allen, die Sie bis zur Stunde an diesem Bau mitgewirkt haben, widme ich das erste Glas:

Auf Ihr Wohl!

Verein, Beruf und Schule

Im Verein oder Club

Eröffnungsrede zu einem Ball

Meine sehr verehrten Damen und Herren,

im Namen unseres Vorstandes heiße ich Sie herzlich willkommen in diesen festlichen Räumen, die heute ganz unter dem Motto „Tanz in den Morgen" stehen. Unser Sommerfest (Winter-/Frühlings-. . .) soll Sie einmal herausführen aus der Wüste des Alltags in eine Oase der Entspannung und Fröhlichkeit. Gehört der Tanz nicht seit jeher zu den liebsten Vergnügungen der Menschheit? Wenn wir uns in der Natur und im Leben umschauen, so tanzt eigentlich die halbe Welt: die Mücken umtanzen das Licht, der Wind läßt Staub und Blätter tanzen. Der Mensch tanzt nach der Pfeife eines anderen, manche tanzen aus der Reihe, – und wir mischen uns jetzt auch in den Tanzreigen. Heute abend wollen wir fröhlich tanzen auf dem Parkett des Vergnügens, das sich durch die flotten Rhythmen unserer bewährten . . . Band ganz sicher noch verdoppeln wird.

Ich erkläre den Ball für eröffnet und wünsche Ihnen allen recht viel Spaß und Freude!

Rede an die Damen

Meine sehr verehrten Damen, liebe Vereinsbrüder,

das pausenlose Vergnügen verliert an Reiz. Seien Sie also nicht erzürnt, daß unsere Kapelle die Tanzpause angesagt hat. Wir wollen sie dazu benutzen, uns zu erfrischen und einige Worte zu sprechen. Viel Vergnügen brauche ich Ihnen nicht mehr zu wünschen, denn die Freude lacht Ihnen allen aus den Augen. Und das ist recht so, denn unsere ganze Veranstaltung steht im Zeichen des Frohsinns.
Ich wende mich besonders an unsere Ehrengäste und nicht zuletzt an die Damen! Den Gästen danke ich, daß sie uns die Ehre ihres Erscheinens gegeben haben, den Damen danke ich dafür, daß sie durch ihre liebliche Anwesenheit das Fest verschönen und die Herzen der Männer erfreuen. Und allen Anwesenden danke ich für den unermüdlichen Fleiß, mit dem sie das Tanzbein schwingen!
Ich leere mein Glas auf das Wohl der ganzen Gesellschaft und darauf, daß wir recht bald wieder zu einer ebenso gelungenen Feier zusammenkommen dürfen!

Rede zum Maskenball

Liebe Masken,
es ist eine seltsame Angelegenheit, zu Menschen zu sprechen, die man kennt und doch nicht kennt. Weiß ich zum Beispiel, ob sich hinter der Maske jenes Ritterfräuleins nicht meine eigene Frau verbirgt? Rätselhafte Schlitzaugen sehen mich an, und das Lächeln, das auf aller Lippen liegt, ist schwer zu deuten. Lacht ihr mich am Ende aus, liebe Masken? Bitte sehr, auch ich bin eine Maske, vielleicht wird die Überraschung bei der Demaskierung auf eurer Seite noch größer sein als auf der meinen! Sage mir nur niemand etwas gegen die Verkleidung! Sie ist das Ziel uralter Menschheitswünsche. Unerkannt sein, einmal den alten, nur allzu bekannten Adam ausziehen, schön ist das, nicht wahr? Und das Allerbeste an der Maskierung ist, daß wir einmal – keine Maske aufzusetzen brauchen; denn gesteht es nur ein, der Alltag zwingt uns allen ja dauernd irgendeine Maske auf. Oder hat irgendein Herr nicht ein ganz anderes Gesicht, wenn er zu seinem Chef befohlen wird, als wenn er eine Gardinenpredigt seiner geliebten Frau anhört? Ist das reizende Fräulein Z., wenn sie ihren Verlobten unterhakt, nicht ein völlig anderes Wesen als das Fräulein Z., das die Gasrechnung in Empfang nimmt. Außerdem – wieviele Träume erfüllen sich heute abend! Der Sultan dort drüben rechts, der seine Blumenbinderin nicht aus den Augen läßt, ist vielleicht ein sehr ordentlicher Mensch, und niemand ahnte bisher, daß er sein Dasein herzlich gerne gegen das unordentliche eines Haremsbesitzers eintauschen würde. Nun, Herr Sultan, heute darfst du deinen Harem um dich scharen, darfst also einmal du selber sein, und kein Mensch wird dir das verübeln!
Was ist das plötzlich für ein unruhiges Füßescharren um mich her? Aha, die Kapelle nimmt die Plätze wieder ein! Tanzt weiter, liebe Masken! Es lebe die allgemeine Fröhlichkeit!

Narrenrede zum Karneval

Liebe Närrinnen und Narrhallesen,

das ganze Land steht im Zeichen des Karnevals. Tollheit und Narrheit sind Trumpf. Die Welt, sonst ein unerfreuliches Narrenhaus, hat sich in ein liebenswürdig heiteres Reich der Narren verwandelt. Wenn man es recht bedenkt, so führen ja auch alle Wege zur Narretei. „Weise und Narren wohnen dicht beieinander“, heißt es, und wer wollte immer entscheiden, ob er einen Weisen oder einen Narren vor sich hat? „Kinder und Narren reden die Wahrheit“, also auch der Weg zur Wahrheit ist letzten Endes eine Narrenstraße. Früher, meine Lieben, in der wirklich guten alten Zeit, hielt sich jeder Herrscher seinen Hofnarren, den er fraglos mehr schätzte als seine Minister und die ganze Hofgesellschaft. Die offiziellen Narren sind inzwischen leider – wie soviele andere gute Dinge – von der Regierung abgeschafft worden. Wenigstens tragen sie keine Schellenkappen mehr! – Aber immerhin hat der Staat doch noch soviel übrig, daß er seinen Narren Häuser baut, und zwar recht feste und solide. Oder kennen Sie die Narrenhäuser nicht?
Vielleicht ist ihnen auch das Wort bekannt: „Ein Narr macht hundert Narren“. Wenn Sie es noch nicht kennen, so sehen Sie sich nur fleißig um, die Wahrheit dieses Spruches liegt ja wohl auf der Hand.
Ich, liebe Mitnarren, habe an der Narrheit einen wahren Narren gefressen. Und Sie müßten Narren sein, wenn es Ihnen nicht ebenso ginge.
Wir wollen so närrisch sein, daß wir den Mond für einen Eierkuchen ansehen und die eigenen Nasen für ein Hasenpfötchen. Es lebe die allgemeine Narrheit!

Ein Vereinsmitglied anläßlich einer Maifahrt

Liebe Vereinsmitglieder,

Sie behaupten ja immer von mir, daß ich mit dem „Munde voran“ sei, also wird es Sie nicht wundern, wenn ich auch heute wieder ans Glas klopfe und um Ihr geneigtes Ohr bitte.
Ich spreche Ihnen allen aus der Seele, wenn ich zu allererst unserem verehrten Vorsitzenden dafür danke, daß er uns, seine Getreuen, hinweggeführt hat vom Alltag, mitten hinein ins „Grüne“. Die Jahreszeit ist wie geschaffen für einen solchen Ausflug, Sie wissen ja, der Mai ist der Monat der Wanderlust! Und – der Mai ist außerdem der Monat der Maibowle! Kennen Sie Scheffels „Trompeter von Säckingen“? Nein? Ich auch nicht! Ich habe bloß irgendwo gelesen, daß es da heißt: „Maiwein, Maiwein, Zaubertränklein“. Die Zauberkraft des Maitrunkes haben wir heute alle gespürt. Im Trompeter von Säckingen spielt außerdem der kluge Kater Hidigeigei eine große Rolle. Ich denke, daß auch bei uns der Kater eine Rolle spielen wird, wenn noch nicht heute, so doch morgen. Aber wir sind wackere Leute und fürchten den Kater nicht, den wir uns ja schließlich redlich verdient haben. Außerdem ist Mailuft das beste Mittel gegen Kater.

Darum stoßt an mit mir, liebe Kameraden!
Es lebe der Mai, es lebe die Bowle, und es lebe der Kater!

Martinsgans aus der Kegelkasse

Liebe Kegelschwestern,
liebe Kegelbrüder,

nicht nur Fische wollen schwimmen, auch die Gänse; so bin ich froh, daß wir unserem besonders wohlgeratenen, schmackhaften Vogel das nasse Element nicht vorzuenthalten brauchen. Vor uns stehen gefüllte Gläser, die wir ihm gleich nachschicken wollen.
Zuvor aber rufen wir uns doch kurz in Erinnerung, woher die Martinsgans eigentlich ihren Namen hat. Die Legende berichtet, daß der heilige Martin sich im Gänsestall versteckte, um seiner Wahl zum Bischof zu entgehen. In seiner Bescheidenheit hielt er sich nicht für diesen Posten berufen. Die Gänse aber, die mit ihrem Geschnatter schon in die Geschichte eingegangen sind, als sie in Rom das Capitol vor der Erstürmung retteten, verrieten auch den guten Martin. Er konnte sich dem Amt nicht entziehen.
Es gibt noch eine weitere Version zu den Martinsgänsen. Danach mußten die Bauern früher am Martinstag ihrem Pfarrer ihre „Kirchensteuer“ persönlich bringen, und zwar in Form von Lebensmitteln. Da sich jeder mit dem Pfarrer gutstehen wollte, fiel das Mitbringsel meist besonders fett aus. Was eignete sich besser für die Pfarrküche als so eine schöne runde, pralle Gans!
Auch wir Kegelfreunde freuen uns schon seit Monaten auf diesen Abend, an dem wir unsere Kegelkasse endlich schlachten konnten. Lange genug haben wir sie gemästet, um uns diesen prallen Vogel zu leisten. Wer oft zur Kasse schreiten mußte, darf sich zum Trost sagen lassen: er hat sich um die Gans verdient gemacht! Es möge ihm auch ganz besonders schmecken!
Ich will den Genuß nicht länger hinauszögern und wünsche Ihnen allen einen frohen Abend und guten Appetit!

Essen nach einem Skatabend

Sehr verehrte, liebe Skatfreunde,

wenn ich in die Runde schaue, so muß ich feststellen, daß sich in den letzten Jahren eine enorme Wandlung vollzogen hat.
War nicht früher der Skatabend eine reine Männerangelegenheit? Mußten wir uns nicht regelrecht „freikaufen“, wenn wir einmal in der Woche an unseren Stammtisch eilen wollten? Oft genug erwarteten uns beim Heimkommen weder Lob noch Anerkennung für unsere gewonnenen Runden. Höchstens Schelte. Und ihr wißt ja, Schimpfe ist schlimmer als Haue!
Damit ist es nun endgültig vorbei. Unsere Damen mischen mit. Mehr noch, sie gewinnen auch noch die ersten Preise!
Wir denken aber gar nicht daran, deswegen zu passen. Wir haben uns längst abgewöhnt, den Damen neidvoll in die Karten zu gucken. Im Gegenteil, der Gewinn ist letztlich doch auf unserer Seite; denn allein die Anwesenheit der Weiblichkeit wirkt auf uns so stimulierend, daß wir uns nie lieber reizen ließen als jetzt.
So freuen wir uns über den neugewonnenen Impuls unserer Skatabende und über die völlig neue Devise, die nicht mehr heißt: dritter Mann gesucht, sondern dritte Dame gesucht!
Ein Hoch auf die gut gemischte Runde, ein Hoch auf unsere so erstaunlich routiniert reizenden Damen!

Nach einem siegreichen Wettkampf

Liebe Freunde des Rasensports (Hallensports etc.),
liebe Clubkameraden,

mit größter Spannung und sportlicher Begeisterung haben wir heute wieder euren Kampf auf dem Rasen (in der Halle) verfolgt, euren Einsatz für den sportlichen Erfolg und für den Sieg, der uns wieder einen hervorragenden Platz auf der Rangliste sichert. Ich beglückwünsche euch ganz herzlich zu diesem guten Ergebnis, das wieder einmal zeigt: Es lohnt sich, für eine Sache zu kämpfen und sich einzusetzen. Kameraden, macht weiter so. Wir, die wir nur am Rande des Spielfelds euch die Daumen halten, tun unser bestes, um euch anzufeuern und immer wieder zu ermutigen. Auf unseren Beistand könnt ihr fest zählen.
Trinken wir einen Schluck auf diesen Sieg mit einem dreifachen . . . (Club-Toast).

Bei einer Niederlage

Liebe Clubkameraden,

vielleicht ist dieser Kampf anders ausgegangen, als viele von uns erwarteten und für ihre Mannschaft erhofften. Aber das soll niemanden entmutigen. Ihr wißt ja, auch das sportliche Glück ist launisch, nicht immer sind schlechte Kondition oder mangelndes Training schuld an der Niederlage. Ich beglückwünsche die siegreiche Mannschaft zu ihrem Erfolg; den Geschlagenen aber möchte ich das zurufen, was ohnehin auf ihren Gesichtern geschrieben steht: Warten wir den nächsten Wettkampf ab!

Winterfest eines Clubs

Liebe Clubmitglieder und liebe Gäste,

auch in diesem Jahre sind wir dem schönen Brauche treu geblieben, uns ganz „unclubmäßig“ mit unseren Damen und unseren Ehrengästen zu einem lustigen bunten Abend zusammenzufinden. Darf ich mich zunächst an die hochverehrten Damen wenden? Meine Damen! Dieses kleine Fest soll in allererster Linie ein Dank für Sie sein, die ihre Ehegatten oder Freunde an vielen Abenden im Jahre ziehen lassen und gütig sowie entsagungsvoll lächelnd alleine zu Hause bleiben. Soviel entsagende Liebe ist gewiß ihres Lohnes wert! Darum haben wir alles getan, was unsere Phantasie und unsere Finanzen uns erlauben, um Ihnen ein Fest zu geben, das Sie entschädigen soll für viele einsame Abende. Ich hoffe, daß Sie nicht nur unseren guten Willen anerkennen, sondern daß Sie sich heute abend wirklich so amüsieren, wie wir es Ihnen von Herzen wünschen. Nebenbei bemerkt, wir sind keine „Ungetreuen“, wir gestehen, daß so ein Fest, von der Anwesenheit der Damen verschönt, alle „Männerabende“ aufwiegt!
Unseren Ehrengästen danke ich herzlich, daß sie uns nicht im Stiche gelassen haben. Mögen sie hier die Entspannung und Fröhlichkeit finden, die wir ihnen wünschen, und mögen sie sich in unserem Kreise recht wohl fühlen!
Ich darf mit Ihnen anstoßen auf das Wohl unserer lieben Damen und unserer hochgeschätzten Gäste!

Vereinsausflug zu Himmelfahrt

Liebe Vereinsbrüder,

Himmelfahrt ist der „Tag des Herrn", des Hausherrn nämlich, der heute einen Freibrief in der Tasche hat. Ein Tag ist kurz, meine Herren, darum nutzt die kostbare Zeit und füllt sie an mit Fröhlichkeit! War es nicht ein hübscher Einfall unseres Vereinsvorstandes, uns zu dieser Himmelfahrtspartie zusammenzuführen? Hat nicht alles bisher vortrefflich „geklappt"? Das Organisationstalent unseres bewährten Vorstandes kennen und anerkennen wir, heute aber haben die Herren sich wahrhaftig selber übertroffen. Erhebt euch von euren Plätzen, liebe Vereinsbrüder, verharrt eine Minute im schweigenden Gedenken an euer trautes Zuhause und an eure geliebten Gattinnen! – Und nun reißt euch los von diesen lockenden Bildern und widmet eure ganze Aufmerksamkeit der Fröhlichkeit und den mit ihr verbundenen Getränken. Halt, einen Augenblick noch! Ich muß mich berichtigen. Ich sagte „die Fröhlichkeit". Die Fröhlichkeit ist weiblich, alles Weibliche aber ist verpönt am Tage des Herrn. Setzen wir also „den Frohsinn" an die Stelle der Dame Fröhlichkeit. Wir können das mit dem allerbesten Gewissen tun, denn die verehrten Damen haben wir durch die Minute schweigenden und tiefergriffenen Gedenkens gebührend geehrt. Prosit, liebe Freunde! Es lebe die Herrenpartie!

Hüttenrede der Bergsteiger oder Skiläufer

Liebe Kameradinnen und Kameraden,

es ist geschafft. Wir sind „oben“. Mich beseelt ein Gefühl, daß sich schwer in Worten kleiden läßt. Mir ist zumute, als sei ich der Herr der Welt, aus eigener Kraft emporgestiegen in diese himmelsnahe Einsamkeit. Ich glaube, daß es Ihnen nicht viel anders zumute ist. Wir dürfen mit Recht stolz sein auf unsere Leistung, besonders sei dies den Damen gesagt, die heute wieder einmal ihren „Mann“ gestanden haben. Ist es nicht etwas Wunderschönes um dieses freie und andächtige Schauen in die Weite? Ist das nicht der wahre Feiertag und der rechte Gottesdienst, hier oben die weltweite Herrlichkeit der Natur zu genießen, die wir uns erobert haben?
Und wenn wir nun vom Schauen und von der Tagesleistung müde sind, so wollen wir uns in treuer Kameradschaft zusammenfinden zu einem echten, rechten Hüttenabend, der uns wohl mehr Freude bietet, als ein Beisammensein in irgendeinem Lokal dort unten dies könnte. Es lebe der Berg(Ski)sport, es lebe die eigene Kraft und Leistung, und es lebe die Herrlichkeit der Welt!

Siegerehrung

Meine lieben Sportkameraden, lieber . . .,

ein heißer Tag der Spannung und des ehrlichen Wettbewerbs liegt hinter uns. Es galt, die Siegespalme für unseren Verein, für ein Mitglied unseres Vereins, zu erringen. Es ist geglückt, mit Stolz und Freude darf ich das sagen. Wir haben ehrlich gekämpft und ehrlich gesiegt auf dem friedlichen Felde des Sportes. Ist das nicht der einzig wahre Sieg, den uns das Messen der Kräfte beschert? So kämpften unsere Vorfahren um den eigenen Grund und Boden, auch das war ein ehrlicher – ich möchte sagen sportlicher – Kampf. Das Rad der Weltgeschichte hat sich inzwischen weitergedreht. Andere Kriegsmethoden sind heute an der Tagesordnung. Aber der geliebte und geschätzte Sport hat seine Gesetze der Ritterlichkeit bewahrt.
Ich bitte euch, liebe Sieger, vorzutreten, denn mir ist die große Ehre und Freude zuteil geworden, euch den wohlverdienten Preis überreichen zu dürfen. Im Namen des Vereins drücke ich jedem von euch herzhaft die Hand.

Unseren lieben . . . ein dreifaches Hoch!

Jubiläum der freiwilligen Feuerwehr

Liebe Vereinskameraden, liebe Gäste,

unser alljährliches Sommerfest hat sich als beliebter Treffpunkt für nah und fern eingebürgert, und wie ich gesehen habe, ist nicht nur das Festzelt besetzt, sondern viele vergnügte Menschen drängen sich noch draußen zwischen den Karussells und Buden.
Sie alle heiße ich herzlich willkommen, mit uns unser 50jähriges Jubiläum zu feiern und auf vergangene Jahre zurückzublicken.
Es ist uns mit Ihrer aller Hilfe gelungen, Unheil von unserem Städtchen abzuwenden und immer zur Stelle zu sein, wo es brannte, im wahrsten Sinne des Wortes. Das ist beileibe keine Selbstverständlichkeit, wenn man bedenkt, daß alle unsere Männer freiwillig ihren Dienst tun und dabei weder Zeit noch Mühe scheuen.
Besonders seit der Errichtung und Eröffnung des neuen Spritzenhauses ist unser Einsatz leichter geworden. Sie alle haben dazu beigesteuert, und dafür möchte ich an dieser Stelle noch einmal danken.
Heute abend sollen Sie nur lustig sein. Dafür werden die . . . Kapelle und die . . . sorgen. Polizeistunde gibt es heute keine, dafür aber um 10 Uhr ein Prachtfeuerwerk, so richtig für die Feuerwehr geschaffen. Heute ist löschen verboten – nur den Durst dürfen Sie löschen.

Viel Vergnügen und Prost!

Sommerfest im Schrebergarten

Liebe Hobby-Gärtner,

Könige sind die Herrscher eines Reiches. Und da wir alle, die hier versammelt sind, ein abgegrenztes – wenn auch kleines – Reich unser eigen nennen, begrüße ich Sie königlich wie die Herrscher eines Imperiums. Einiges unterscheidet uns jedoch von den großen Regierenden. Wir sind immer ausgeglichen, heiter und zufrieden, wenn wir am Feierabend oder Wochenende unser „Land" betreten. Die berühmten bösen Wolken am Himmel können uns nicht betrüben, denn sie verheißen nichts Böses, sondern Regen, und der ist lebenswichtig für das Wachsen und Gedeihen unseres tausendblättrigen Volkes.
Ein stetger Wechsel von Regen und Sonne ist uns immer willkommen – ganz im Gegensatz zu königlichen Gartenfesten. Und das blühendste „Heer" haben dann auch wir, die wir mit viel Geduld und Liebe unsere Sprößlinge heranziehen.
Angesichts dieser Tatsachen, dürfen wir uns als glückliche Regenten schätzen, was in der heutigen Zeit keineswegs eine häufige Erscheinung ist. Dies ist auch der Grund, warum wir an diesem herrlichen Sommerabend zusammengekommen sind. Auf dem „Höhepunkt" unserer Blütezeit, in einem „Meer" von Farben und Düften wollen wir uns recht lange freuen und reichlich miteinander feiern.

Ich wünsche Ihnen und mir ein wahrhaft königliches Fest.

Zum Stiftungsfest eines Gesangvereins

Meine lieben Sängerinnen und Sänger,

unser Gründer und erster Chorleiter, an den wir an dieser Stelle – und nicht nur heute – voller Achtung gedenken, hat einen vorausschauenden Geist bewiesen, als er unseren Verein ins Leben rief: Ein gemischter Chor mußte es sein, nicht wegen der vielen schönen Stücke, die für gemischten Chor komponiert wurden, sondern weil die Harmonie der Eheleute für das Fortbestehen von großer Bedeutung ist. Man könnte fast sagen, daß unsere Gemeinschaft ein Familienunternehmen ist, von unserem ältesten und treuesten Paar ... angefangen bis zu unseren Jüngsten. Es dürfte wohl einmalig sein, daß so viele Generationen ihren Feierabend gemeinsam verbringen, sich und den Zuhörern zur Freude. Welche Erfolge wir im vergangenen Jahr hatten, ist allen bekannt. Aber man darf sie ruhig noch einmal erwähnen ... Besonders das ... Konzert wird uns allen im Gedächtnis bleiben, auch wegen der schönen Reise.
Mein besonderer Dank heute gebührt unserem Chorleiter, der es immer wieder verstanden hat, uns zu höchsten Leistungen anzuspornen.
Und dann wollen wir all jenen gedenken, die an diesem Freudentage nicht mehr unter uns weilen ...
Um Ihre Geduld nicht über Gebühr zu strapazieren, will ich meine Rede nicht ausdehnen, sondern meine, wir sollten das tun, was wir am liebsten tun: miteinander singen.

Zur Jahreshauptversammlung

Meine lieben Mitglieder,

noch bin ich Ihr Präsident, auch wenn ich hoffe, später Entlastung erteilt zu bekommen und vielleicht wieder Ihres Vertrauens für würdig befunden zu werden. Als Ihr Präsident in guten und in schlechten Tagen begrüße ich Sie alle sehr herzlich und freue mich sogar einige Mitglieder zu sehen, die sich sonst recht rar machen. Eine Jahreshauptversammlung ist der Zeitpunkt, an dem Bilanz gemacht, Rechenschaft abgelegt wird. Das soll in der folgenden Stunde durch die einzelnen Ressortleiter geschehen, und dem will ich nicht vorgreifen. Dagegen ist es mir ein Bedürfnis, unsere zukünftigen Ziele – denen wir dieses Jahr einige Schritte näher gekommen sind – etwas zu umreißen. Mittlerweile sind die Verhandlungen abgeschlossen, so daß mit dem Bau des neuen Clubhauses in Kürze begonnen werden kann. In gemeinsamem Arbeitsdienst wurden viele Vorarbeiten geleistet, und für den großen Einsatz möchte ich mich sehr bedanken. Um gleich einen Angriffspunkt abzubiegen: Nicht jedes Mitglied konnte sich persönlich an den Arbeiten beteiligen. Ihr Einverständnis vorausgesetzt haben wir statt der Arbeitsleistung auch Geldleistungen angenommen. Es ist also kein ungerechtfertigtes Lob, wenn ich allen meinen/unseren Dank ausspreche.

Mehr noch als im Vorjahr sollte unser Augenmerk auf unsere jugendlichen Mitglieder gerichtet sein. Sie sollen immer mehr in die Aufgabenstellung hineinwachsen und uns nicht nur helfen, sondern eines nicht allzu fernen Tages ablösen. Viele der Mitglieder sehen das richtig, aber einige möchte ich doch heute bitten, die jungen Leute partnerschaftlicher zu behandeln. Sie sind alle gefällig, wie Sie mir bestätigen werden, aber sie sind keine unbezahlten Hilfskräfte.

Nun übergebe ich das Wort unserem zweiten Vorsitzenden, der mit dem Rechenschaftsbericht beginnt.

Abschlußfest eines Tanzstundenkreises

Liebe Tanzstunden-Freunde,

ein paar an- und aufregende Wochen liegen hinter uns. Wir haben mit mehr oder weniger Ernst versucht, den Geheimnissen der modernen Tanzkunst ein Stückchen näherzukommen. Ob mit Erfolg, überlassen wir dem Urteil unserer sehr verehrten Tanzlehrerin (Tanzlehrers).
Nicht immer war sie mit uns zufrieden, denn manchmal waren wir Männer tolpatschig genug, den Damen auf den Füßen herumzutrampeln. Wir haben auch hin und wieder nicht aufgepaßt. Frau . . . (Herr . . .) hat es natürlich gemerkt und uns prompt zum Vortanzen herausgepickt. Das brachte uns dann jeweils sehr rasch wieder auf den Schnellwalzer.
Wir bitten um Nachsicht, wenn wir nicht immer ganz bei der Sache waren. Meist lag es daran, daß wir ja direkt von der Arbeit zu unserer Tanzstunde eilten, den Kopf noch voll vom Alltagsbalast. Es kam auch vor, daß wir uns sagten: heute keine Tanzstunde! Der Tag war so anstrengend, daß wir eigentlich viel zu erschöpft waren, um auch noch das Tanzbein zu schwingen. Aber merkwürdig, sobald die ersten Klänge durch den Lautsprecher tönten, war alle Müdigkeit wie fortgeblasen. Wir haben wacker wieder mitgemacht, und das ist sicher der Geschicklichkeit unserer Tanzlehrerin zu verdanken, die uns ganz raffiniert mit flotten Rhythmen in Schwung gebracht hat.
Wenn ich ganz ehrlich bin, muß ich noch etwas gestehen. Nicht nur die flotten Melodien haben uns immer wieder auf Trab gebracht, sondern auch der Gedanke an das Nachher! Wie gut uns das Bier hinterher geschmeckt hat, brauche ich in dieser Runde wohl niemandem zu erzählen! Wir haben es uns mit viel Schweiß verdient.
Unter diesem Aspekt sehen wir auch unsere kleine Abschlußfeier heute: Wir haben sie uns redlich verdient und finden, daß wir reich-

lichen Grund zum Feiern haben. Heute wollen wir beim Tanzen nicht an neue Figuren denken, höchstens an die, die wir gerade im Arm halten. Frau Tanzlehrerin (Herr Tanzlehrer) wird ein Auge zudrücken müssen, wenn sich unsere Schritte heute abend zwanglos und unbekümmert von den Melodien leiten lassen und wenn wir statt im Takt zu zählen, mit Takt ins Erzählen kommen.
Heute wollen wir abschalten, und ich wünsche uns allen ein paar fröhliche, entspannte Stunden, in denen wir uns ganz undirigiert der Musik hingeben wollen.

Von mir aus kann es losgehen!

Auf einen Schützenkönig

Seine hochzuverehrende Majestät, der Schützenkönig, liebe Schützen,

gemäß guter alter Sitte haben wir heute unsere Kräfte miteinander gemessen, genauso, wie das schon unsere Vorväter taten. König sein – das ist zwar eine Ehre, aber es ist auch eine Last. Darum wäre es unbillig, wollten wir nicht alles tun, um unseren Schützenkönig nach einjähriger Regierungszeit von der drückenden Krone zu befreien. Diesmal allerdings ist uns das nicht gelungen, denn unsere neue Majestät verkörpert sich in der Person der alten. Unser Schützenkönig war wieder der beste! Er ist anscheinend nicht zu schlagen! War unsere ganze Schützengilde schon im Vorjahr stolz auf ihn, so ist sie es heute noch viel mehr. Wir werden das beweisen, indem wir dem Fäßlein braunen Zielwassers, das die Güte seiner Majestät anrollen ließ, alle Ehre antun.

Prosit, es lebe seine Majestät, der wiedergekrönte Schützenkönig, es lebe unsere Schützengilde mit ihren Damen!

Vorstand ehrt einen Jubilar

Liebe Clubkameraden,

es kommt gewiß nicht alle Tage vor, daß ein Mitglied zurückschauen darf auf eine zwanzigjährige Zugehörigkeit zu einem Verein. Unser lieber Gerd hat das geschafft, und das spricht ebenso für seine Treue wie für die Qualitäten unseres Vereins. Wir sind also sehr stolz auf dich, lieber Gerd, und auf unseren Verein.
Von den Verdiensten, die du, lieber Gerd, dir um unseren Verein erworben hast, will ich gar nicht reden, die haben wir oft genug schon gebührend gewürdigt und anerkannt. Jedenfalls haben wir heute unser Bestes getan, um deinen Ehrenabend recht festlich und harmonisch zu gestalten.
Ich habe den Auftrag vom Vorstand, dir, lieber Gerd, für deine Verdienste heute diese Vereinsnadel an dein Jackett zu stecken. Ich tue es mit Freuden, und ich bringe dabei gleichzeitig die Hoffnung zum Ausdruck, daß du unserem Verein noch lange die Treue hältst, und daß du uns noch lange so aktiv zur Seite stehst.
Darf ich euch alle bitten, die Gläser zu erheben und unserem Gerd ein dreifach donnerndes . . . (Vereins-Toast) zu widmen!

Der Jubilar dankt

Meine lieben Vereinskameraden,

es kommt selten vor, aber ich bin so gerührt, daß meine Kehle fast zugeschnürt ist. Wenn ich also nicht mit markiger Stimme zu reden vermag, so nehmt mir das nicht übel.
Ihr tut alle so, als sei die Tatsache meiner . . . jährigen Mitgliedschaft eine ganz besondere Ehre für den Verein, dabei könnte man eher vom Gegenteil sprechen. Es gibt immerhin eine ganze Menge Leute, die mich einen Querulanten, Miesmacher und Nörgler schimpfen. Mein Hauswirt zum Beispiel und der Mann vom Finanzamt. Ich könnte noch mehr aufzählen. Ihr aber habt mich stets nur einen Freund genannt, und ihr habt beide Augen zugedrückt, um meine miesen Eigenschaften nicht sehen zu müssen. Und dadurch habt ihr mein wankendes Selbstbewußtsein immer wieder zurechtgebogen. Für mich war unser Verein deswegen nicht nur eine Stätte der Kameradschaft und Entspannung, sondern auch ein Reservoir für neue Kräfte und Energien. Das mußte einmal gesagt werden, ich bin froh, daß es heraus ist. Denn nun ist wenigstens meine Kehle wieder frei, und ich kann einen gewaltigen Schluck hindurchrinnen lassen auf euer Wohl und auf das Fortbestehen unseres Vereins und unserer Kameradschaft!

Zum Wohle!

Auf einen verstorbenen Clubkameraden

Liebe Sportsfreunde,

dies ist das erste Treffen ohne unseren verstorbenen Freund Herbert, und deshalb möchte ich unsere Zusammenkunft eröffnen mit einem gemeinsamen Gedenken an ihn, den lebenslustigen Sportskameraden, für den gerade das Feiern so viel bedeutete.
Er war stets ein fairer und kameradschaftlicher Partner, auch auf dem Sportfeld. Auf ihn konnten wir uns stets verlassen, bei Wind und Wetter war er zur Stelle. Es mußte schon viel passieren, wenn Herbert einmal nicht dabei sein konnte. Wenn alle down und am Boden zerstört waren, gelang es ihm mit seinem unerschütterlichen Optimismus immer wieder, uns anderen neuen Mut und neue Energie einzuflößen. Deswegen wäre es auch ganz und gar nicht in seinem Sinne, wenn wir jetzt in dieser Runde den Kopf hängen ließen. Die Lücke, die Herbert hinterlassen hat, wird sich nur schwer schließen lassen, das wissen wir alle, denn vergessen können wir ihn nicht.
Aber ich kann mich noch gut erinnern, als Herbert einmal sagte: „Das Ärgerlichste an meiner eigenen Beerdigung ist, daß ich nicht dabei sein und anschließend mit euch feiern kann". Ich will damit nur sagen: er liebte das Leben und nicht die Traurigkeit. Ich glaube, mit dieser Einstellung sollten wir unseren Herbert in Erinnerung behalten.
Laßt uns das Glas erheben und anstoßen auf das Andenken

unseres beliebten, unvergeßlichen Herbert!

Weihnachtsfeier

Meine lieben Mitglieder und Gäste,

es ist schon zum liebgewordenen Brauch geworden, im Advent zusammenzukommen, um zum Abschluß des Jahres noch einmal miteinander fröhlich zu sein.
Daß gerade die Vorweihnachtszeit etwas Besonderes für die Kinder ist, halte ich für ein Gerücht, wenn ich in Ihre strahlenden Gesichter sehe. Oder haben Sie bereits die Tombola-Preise betrachtet und sich Ihre Chancen ausgerechnet? In Kürze werden Sie die Lose aussuchen können. Aber Ihre Erwartungen werden nicht enttäuscht, wie die Organisatoren dieses Abends, denen ich an dieser Stelle meinen speziellen Dank ausspreche, sehr wohl bedacht haben. Es gibt tatsächlich keine Nieten, genau wie es in unserem Verein keine Nieten gibt.
Sie alle haben das ganze Jahr über zusammengearbeitet und sich in Ihrer Freizeit sehr für unsere gemeinsamen Belange eingesetzt. Und auch jetzt wieder haben alle beigesteuert, damit jeder eine Erinnerungsgabe an diesen Abend mit nach Hause nehmen kann.
Das ist doch schon fast wie Weihnachten!
Über die Verdienste von einzelnen wurde gerade in den letzten Wochen viel gesprochen. Heute soll unser aller Dank einer Frau gebühren, die sich häufig im Hintergrund gehalten hat und auf ihre stille Weise unseren Erfolg unterstützte. Bitte, nicht rot werden – wenn jemand, dann haben Sie, liebe Frau Roth, die Anerkennung verdient.
So stoßen wir denn an, auf das gelungene Fest, auf das erfolgreiche Jahr, auf die vielen Helfer, besonders Frau Roth, und auf uns alle!

Fröhliche Weihnachten!

Treffen einer Bürgerinitiative

Liebe Mitbürgerinnen und Mitbürger,

bei dieser Anrede stocke ich schon, denn ich kann kaum einen Mitbürger in diesem Saal entdecken. Das ist nicht weiter verwunderlich, denn unser Anliegen berührt uns Frauen weit mehr als unsere Männer. Wir alle sind voller Erwartungen in dieses schöne Neubaugebiet am Stadtrand gezogen, manche von uns in Wohnblocks, manche von uns in Einfamilien- und Reihenhäuser. Den Plänen nach waren wir sicher, ins Paradies zu kommen, nahe dem Wald, mit einem Einkaufszentrum wie in der Stadt und mit einem Kinderhort. Ich habe mich vorhin etwas herumgehört und festgestellt, daß die Mehrzahl von Ihnen irgendwelchen beruflichen Tätigkeiten nachgegangen ist. Wäre alles nach Plan verlaufen, müßte ich dies nicht in der Vergangenheitsform erwähnen.

Ob wir Hausfrauen sind oder arbeiten – eines ist unzumutbar, nämlich das Fehlen von Einkaufsmöglichkeiten und beaufsichtigten Spielplätzen oder eines Kindergartens. Beides wurde uns versprochen, und die Tatsache, daß die Baugesellschaft in finanziellen Schwierigkeiten steckt, ist für uns kein Trost. Allein Ihr Hiersein ist Beweis genug, daß Sie die Dinge nicht auf sich beruhen lassen wollen.

Ich will mich hier nicht in den Vordergrund spielen, aber mit meinen zwei Vorschulkindern bin ich besonders betroffen. In einigen Einzelgesprächen kamen einige Vorschläge zutage, wie wir unsere Situation bessern können. Ich darf sie der Reihe nach unterbreiten und mit Ihnen diskutieren. Wenn wir uns anschließend über die Marschrichtung einig sind, können wir die einzelnen Aufgaben verteilen, um zu erreichen, was uns vorgeschwebt hat – in einem Paradies zu wohnen. Für das wir genug bezahlen!

Berufliche Anlässe

Der Chef bei einer Betriebsfeier

Liebe Kollegen,

ich freue mich, daß Sie meiner Aufforderung gefolgt sind, einmal aus dem Betriebseinerlei herauszugehen und ganz zwanglos und undienstlich miteinander zu feiern.
Ich möchte die Gelegenheit nutzen, um Ihnen allen für Ihren Fleiß und für Ihre Bereitschaft zu danken, wenn es darum geht, eine Produktion fertigzustellen – was meistens, wie Sie alle wissen, unter Zeitdruck geschehen muß. Nicht immer geht das, ohne daß einer von Ihnen seine persönlichen Wünsche oder seine privaten Interessen zurückstellen muß. Ich weiß das wohl zu schätzen, und deshalb möchte ich, daß Sie das heutige Fest als ein kleines Zeichen meiner Anerkennung werten. Lassen Sie sich das Essen gut schmecken, und füllen Sie Ihre Gläser, damit ich Ihnen zuprosten kann.
Ich wünsche allen einen schönen Tag und ein fröhliches Beisammensein.

Zum Wohle!

Geburtstag des Chefs

Sehr verehrter Herr Dr. Rombock, lieber Chef,

heute ist Ihr 50. (60./70. . . .) Geburtstag, und ich habe den ehrenvollen Auftrag, Ihnen im Namen der Belegschaft unsere herzlichsten Glückwünsche auszusprechen.
Auch uns wünschen wir etwas, nämlich, daß noch viele Jahre voller Tatkraft und Schwung vor Ihnen liegen mögen. Denn wir alle wissen, daß Sie die Seele des Betriebs sind. Ohne Ihren Elan, mit dem Sie uns alle anstecken, ohne Ihre rastlose Unternehmungslust, die uns manchmal ebenfalls keine Ruhe läßt, ohne Ihre produktiven Ideen, mit denen Sie uns immer wieder überraschen und verblüffen, wäre die Firma gewiß nicht an dem Punkt, wo sie heute steht.
Ihnen hat das Haus sein gutes Renommee zu verdanken, und wir sind stolz darauf, daß wir daran mitarbeiten, das Ansehen zu erhalten und vielleicht noch zu vermehren.
Wenn wir dies heute mit aufrichtigem Herzen bekennen, so bitten wir Sie, es als Kompliment aufzufassen für Ihre Persönlichkeit, der wir viel zu verdanken haben und die uns allen ein Vorbild ist.
Sie haben an vielen Beispielen bewiesen, daß Sie auch unsere Probleme kennen und verstehen. Sie haben jederzeit ein offenes Ohr, wenn jemand mit seinen Nöten zu Ihnen kommt. Damit haben Sie eine Vertrauensbasis geschaffen, wie wir Sie uns besser nicht wünschen könnten. Deshalb wollen wir auch keinen anderen Chef – er soll so bleiben wie er ist und uns noch lange erhalten bleiben!
Dürfen wir Ihnen als Zeichen unserer Verbundenheit dieses kleine Geschenk überreichen, das Sie an diesen Tag erinnern möge.
Zum Schluß bitte ich alle Kollegen, mit mir einzustimmen in ein dreifaches Hoch, Hoch, Hoch!

Beförderung eines Mitarbeiters

Lieber Kollege (liebe Kollegin) Sander,

Ihnen müssen seit ein paar Tagen heftig die Ohren geklungen haben, denn in der Betriebsleitung wurde Ihr Name mehrfach erwähnt.
Sie wissen, es geht darum, den Posten von Herrn Martens, der in den Ruhestand getreten ist, neu zu besetzen.
Ich muß sagen, es hat mich einigermaßen überrascht, wie viele Freunde Sie, lieber Kollege Sander (liebe Kollegin), in diesem Hause haben. Für jedermann scheint es selbstverständlich zu sein, daß Sie diesen Posten bekommen. Es freut mich aufrichtig für Sie. Ein Mann, der das Vertrauen der Kollegen besitzt, ist für das Unternehmen besonders wichtig.
Gerade in einer leitenden Funktion braucht ein Haus unserer Größenordnung Mitarbeiter mit hervorragenden fachlichen und menschlichen Qualitäten. Sie sollen zudem noch Ruhe und Ausgeglichenheit ausstrahlen.
Sie, lieber Kollege Sander, haben mehrfach bewiesen, daß Sie mit Menschen gut umgehen können. Besonders bei der Zusammenarbeit mit jüngeren Kollegen konnten wir das erfreulicherweise feststellen. So sind wir uns einig, Sie mit Wirkung vom 1. April zum Abteilungsleiter unseres Fachbereichs Süd zu ernennen. Ich darf Sie herzlich zu Ihrer Beförderung beglückwünschen! Die Betriebsleitung freut sich, in Ihnen einen tüchtigen neuen Abteilungsleiter zu haben, dem sie voller Vertrauen die neue Aufgabe in die Hände legt. Wir wünschen Ihnen viel Erfolg bei Ihrer künftigen Tätigkeit und vor allem auch Freude bei der Arbeit.

Nochmals: alles Gute für Sie!

Chef oder Abteilungsleiter beim Betriebs- oder Dienstjubiläum

Lieber Kollege Beermann,

heute vor genau 25 Jahren sind Sie, lieber Herr Beermann, in unseren Betrieb eingetreten. Damals fingen Sie als Lehrling an, etwas schüchtern noch, doch jeder sah sofort: hier steht ein junger Mann am Anfang einer Laufbahn, in der er es zu etwas bringen wird. Warum wußte jeder gleich, was in Ihnen steckt? Ich will versuchen, es mit ein paar Worten zu beschreiben.
Sie, lieber Kollege, waren vom ersten Tag an mit wachen Augen und regem Interesse bei der Sache. Keinen Handschlag Ihres Meisters ließen Sie sich entgehen, Sie paßten höllisch auf, um es nach kurzer Zeit selbst zu probieren. Sicher, es gab im Laufe der Zeit auch Fehlschläge. Nicht immer klappte alles auf Anhieb. Aber von wem kann man das schon sagen? Niemals ließen Sie sich indessen entmutigen, im Gegenteil: in Abendkursen lernten Sie ständig hinzu und erweiterten Ihre Kenntnisse unablässig mit dem neuesten Wissen.
Ebenso wie Ihr Fleiß zeichnet Sie Ihr Humor aus. Wer hier im Betrieb kennt nicht Ihre „Sprüche" und Ihren Witz? Sie haben für jeden ein freundliches Wort, Sie machen gern einen Spaß, ohne zu kränken, und Sie selbst nehmen so leicht nichts krumm. Sie waren und sind auch heute noch beliebt als Vorbild für die jüngeren Kollegen, die von Ihnen sicher einiges gelernt haben.
Heute sind wir zusammengekommen, um Ihnen, lieber Kollege Beermann, zu danken für Ihre Leistungen im Betrieb, für ihre Umsicht und Ihre menschlichen Fähigkeiten im Umgang mit unseren Mitarbeitern.
Die Betriebsleitung erlaubt sich, Ihnen in Anerkennung Ihrer langen Firmenzugehörigkeit und Ihrer Verdienste diese Urkunde zu überreichen, die Sie noch lange an Ihren heutigen Ehrentag erinnern soll!

Ein Kollege tritt in den Ruhestand

Verehrter Herr Kollege Naumann,

mit Unbehagen und Wehmut haben wir diesen Tag unaufhaltsam auf uns zukommen sehen. Unaufschiebbar ist dieser Termin Ihres Ausscheidens mit dem heutigen Datum Wirklichkeit geworden. Niemand von uns mag es so recht wahrhaben, daß Sie sich in ein paar Stunden von uns verabschieden werden, um uns später – wenn überhaupt – nur noch besuchsweise wiederzusehen. Viele Jahre gemeinsamen Schaffens liegen hinter uns. Da macht man einiges zusammen mit. Man hat sich aneinander gewöhnt, und von einer liebgewordenen Gewohnheit trennt man sich nur schwer.
Wenn wir Ihnen auch neidvoll in Ihren wohlverdienten Ruhestand nachwinken, so können wir Ihr Gefühl doch gut begreifen. Zu Hause erwartet Sie Ihr gemütliches Heim mit dem hübschen Garten. Das alles will gepflegt werden mit Ruhe und Zeit. Ich weiß, daß Sie sich allerhand vorgenommen haben für Ihren Feierabend und endlich einmal das tun wollen, wozu Sie während des beruflichen Alltags nicht gekommen sind. Wir gönnen Ihnen von Herzen die Ruhe und die Beschäftigung mit Dingen, die weit entfernt sind von Streß und ungesunder Büroluft.
Nehmen Sie unseren Dank für die nette Zusammenarbeit mit in Ihre gute Luft und auch dies kleine Geschenk, das Sie – nur ab und zu! – an uns erinnern möge. Wir möchten, daß Sie uns nicht ganz vergessen und gelegentlich wieder einmal hereinschauen bei uns. Sie sind immer herzlich willkommen; darum sprechen wir auch nicht vom Abschied, sondern sagen ganz herzlich:

Alles Gute für den neuen Lebensabschnitt und – auf Wiedersehen!

Trauer um einen Kollegen

Verehrte Trauergemeinschaft,
lieber Kollege Karl,

die Nachricht von deinem Tode hat uns alle tief betroffen. Noch vor einiger Zeit haben wir dich erlebt, wie du immer warst: voller Energie, voller Tatkraft und Lebenslust. Ein lebendiger Beweis für Rüstigkeit im hohen Alter.

Du hast zwar schon seit einigen Jahren nicht mehr in unserem Betrieb mitgearbeitet, sondern deinen wohlverdienten Ruhestand genossen; aber denke nur nicht, daß wir dich deswegen vergessen haben. Im Gegenteil: du hast nie aufgehört, einer von uns zu sein. Dein Rat, dein Humor, deine Gelassenheit, mit der du als Außenbetrachter quasi über den Dingen standest, sind uns immer wertvoll gewesen. Wer wird dich nicht vermissen, wie du – eingehüllt in den blauen Dunst und Duft deiner unvermeidlichen Zigarre – überall wo du auftauchtest, eine gemütliche und entspannte Atmosphäre um dich herum verbreitet hast.

Einen Menschen wie dich vergißt man nicht so leicht, deswegen nehmen wir nur sehr schwer Abschied von dir, lieber Karl. Die Lücke, die du hinterläßt, wird uns bei vielen Gelegenheiten schmerzlich bewußt werden. Denn für viele von uns warst und bist du ein Vorbild menschlicher und beruflicher Verläßlichkeit. Das wirst du noch lange bleiben, auch wenn du von uns gegangen bist.

In unserem Gedächtnis lebst du weiter, lieber Karl.

Ruhe in Frieden!

Schule

Vorsitzende(r) des Schulelternbeirats bei der Einschulung von ABC-Schützen

Meine Damen und Herren,

ich weiß, liebe Kinder, daß eure Geduld nun langsam am Ende ist. So viele Reden wie heute habt ihr noch nie auf einmal zu hören bekommen. Trotzdem bitte ich euch, noch eine Minute lang zuzuhören, denn was ich euren Eltern zu sagen habe, geht ausschließlich um euch.
Für uns, eure Eltern, ist dieser Tag nämlich gar nicht so einfach. Bisher waren wir für euch die wichtigsten Menschen in eurem kleinen Lebensbereich. Ab heute ist das anders. Wir müssen euch teilen mit den Lehrern, und wir wissen, was das bedeutet.
Von jetzt an heißt es zu Hause nicht mehr, das hat Mami oder Papi gesagt, sondern wir werden immer häufiger zu hören bekommen: Das hat unsere Lehrerin oder unser Lehrer gesagt. Im Lehrer sehen Kinder das Vorbild, manchmal sogar ein Idol.
Wir Eltern freuen uns über eine ungetrübte Beziehung unseres Kindes zu seiner Lehrerin oder seinem Lehrer.
Daß dieses Vertrauen unserer Kinder für die Lehrer eine große Verantwortung und Verpflichtung bedeutet, sollte uns Eltern nicht davon befreien, alles, was in der Schule geschieht, aufmerksam mitzuverfolgen. Wir Elternvertreter treffen uns regelmäßig hier in der Schule, und bei der Gelegenheit wird all das besprochen, was sich im Laufe des Schuljahres an Fragen oder Problemen ergibt. Scheuen Sie also nicht das Gespräch mit uns oder Ihrem gewählten Elternvertreter. Wir sind dazu da, zwischen der Elternschaft und der Schulleitung zu vermitteln, und ich darf sagen, daß unsere Gespräche bisher immer in einer offenen und fairen Weise verlaufen sind.
Ich wünsche Ihnen und vor allem euch, liebe Kinder, einen fröhlichen Schulbeginn und einen erfolgreichen Verlauf der nächsten vier Jahre!

Ein Vertreter der Schulabgänger zur Entlassungsfeier

Sehr geehrter Herr Oberstudiendirektor,
liebe Lehrer, meine Damen und Herren,
liebe Mitschüler,

für uns Schulabgänger ist dieser Tag heute verbunden mit gemischten Gefühlen. Einerseits sind wir grenzenlos erleichtert, daß wir die „Penne" endlich hinter uns haben, andererseits steht vor uns unabweisbar die Frage: was kommt nun?
Einige von uns haben bereits eine Lehrstelle oder einen Studienplatz, andere stehen noch auf der Warteliste. Im Vergleich zu der Ungewißheit unserer Berufsausbildung erscheint nachträglich sicher manches Problem in der Schule überbewertet. Wir haben uns oft die Köpfe heißgeredet und waren für unsere Lehrer wahrscheinlich nicht immer die bequemsten Zeitgenossen. Denn vieles, was wir mehr oder weniger freiwillig gelernt haben, wird uns vermutlich erst später zugute kommen. Trotzdem haben unsere Lehrer immer Verständnis und Geduld gehabt, und dafür danken wir ihnen heute am letzten Tag unserer Schulgemeinschaft. Wir werden viele schöne Erinnerungen mit hinausnehmen, an die wir noch gern und lange zurückdenken. Allein die Klassenfahrten gehören zu den unvergeßlichen Erlebnissen. Sie haben uns „zusammengeschweißt" zu einer kameradschaftlichen Klassengemeinschaft, und ich hoffe sehr, daß wir uns im Leben noch oft bei verschiedenen Klassentreffen sehen werden, nachdem wir uns nun zu den Ehemaligen zählen.
So verabschieden wir uns heute von unserer Schule mit einem lachenden und einem weinenden Auge. Aber auch mit dem Versprechen, weiter an uns und unserer Bildung zu arbeiten, damit wir die Erwartungen erfüllen, die die Schule in uns gesetzt hat.

Treffen ehemaliger Schüler

Liebe Klassenkameraden,

viele Jahre sind vergangen, seitdem wir miteinander die Schulbank drückten. Unsere Ausbildungen sind sehr unterschiedlich verlaufen, die Wege haben sich getrennt. Um so mehr ist es zu begrüßen, daß wir die Verbindung zueinander nicht abreißen ließen, sondern daß wir uns von Zeit zu Zeit zu einem netten Nachmittag oder Abend verabreden. Was auch immer jeden einzelnen von uns hierhergetrieben hat – Neugier, Sehnsucht nach der alten Zeit in der „Penne" oder ganz einfach die Freude, ein Stück liebgewordene Vergangenheit wiederzutreffen – ich finde es famos, daß kaum einer abgesagt hat. Aber selbst die wenigen, die heute aus den verschiedenen Gründen nicht hier in unserem Kreis sein können, haben sich mit einem Gruß gemeldet. Ich habe die Briefe vor mir liegen und werde gleich jeden gesondert vorlesen.
Bevor wir aber damit beginnen, bitte ich euch alle, mit mir das Glas zu erheben und auf das Wohl der Abwesenden zu trinken.
Unsere Klassenkameraden in der Ferne, sie leben hoch!

Trinksprüche und Toaste zu verschiedenen Gelegenheiten

Toast des Gastgebers

Euch, ihr Freunde, euch, ihr Gäste,
die ihr hier beisammen seid,
wünsche ich zu diesem Feste
unbeschwerte Heiterkeit!

Weinspruch

Golden fließt der Saft der Reben
aus der Flasche in das Glas.
Kann es etwas Schön'res geben?
Nun, wenn ja, dann wünscht euch was!

Auf einen Freund

Daß wir auch in schlimmen Tagen
aufrecht steh'n und nicht verzagen,
danken wir dem Freunde treu,
dem dies Glas gewidmet sei!

Dank an den Gastgeber

In dieser Zeit der dunklen Wintertage
bedürfen wir der Freude mehr denn je.
Erlaubt mir, daß dem Hausherrn Dank ich sage
für all den Festglanz, den ich um mich seh'!

Auf die Frauen

Die Frauen ehrt niemand vergebens,
sie weben mit Feenhand
in den grauen Teppich des Lebens
manch leuchtendes, buntes Band.
In ihrem festlichen Reiche
ist immer Frühlingszeit.
Dem Wunsche, daß nie von uns weiche
ihr Zauber, sei dieses Glas geweiht!

Auf die Hausfrau

Wir wandern durchs Leben, ab und auf,
nur selten ruht aus unser Fuß.
Dies Fest drum, als Rast in des Lebens Lauf,
schenkt uns Freude, Erholung, Genuß.
Auf das Wohl der Hausfrau trinkt alle mit mir!
Ich weiß, ihr tut gern mit Bescheid!
Was heut' wir genießen, verdanken wir ihr,
ihrer Güte und Gastfreundlichkeit!

Auf den Chef

Unserem Chef, dem Boß des Betriebes,
gilt, liebe Belegschaft, heut' unser Dank.
Er lud uns zum Feste, er tat uns viel Liebes,
drum stimmt mit mir ein in den frohen Gesang:
Der Chef ist der beste, er lebe ganz hoch,
und schenke recht oft solche Feiern uns noch!

Auf einen Heranwachsenden

Leg's dem Leben nicht zur Last,
dünkt dein Wert dich Plunder!
Wenn du Märchenaugen hast,
ist die Welt voll Wunder.

Zum Richtfest

Ein Haus ward errichtet, Stein um Stein,
stolz flattern Kranzbänder im Winde.
Möge dies Haus stets ein Ruhepol sein
dem Besitzer, dem Kind und Kindeskinde!

Zur Genesung

Von Krankheit genesen, noch schmal das Gesicht,
sitzt endlich der Freund wieder in unserer Runde.
Froh sind unsere Herzen, wir leugnen es nicht,
wir genießen mit ihm diese festliche Stunde.
Er bleib' uns gesund noch lange erhalten
für Wein, Weib, Gesang – das möge Gott walten!

Auf den Schweinebraten

Eine edle Gabe ist
doch das fette Schwein,
das im Leben fleißig frißt,
nun will es selbst gegessen sein!
Lieblich durch die Nase zieht
Bratenduft uns bis zum Magen,
und ein jeder, wie man sieht,
fragt sich: „Wieviel kann ich wohl vertragen?"
Woll'n den Magen nicht verstimmen,
daß die Lust nicht wird zur Pein!
Laßt das Schwein nur fleißig schwimmen
in dem guten, edlen Wein!

Guten Appetit und Prost!

Abschieds-Trinkspruch

Verehrte Freunde, ich bin glücklich,
an diesem Abend, eh' ich fahr',
zu danken für das, was erquicklich
und so beglückend für uns war.

Es gibt viel Schönes allerorten,
doch selten so viel Gastlichkeit.
Ihr öffnet nicht nur Eure Pforten,
Ihr öffnet auch die Herzen weit.

Was wir in Eurem Haus gefunden,
war weit mehr, als wir je gedacht.
Ihr habt in vielen schönen Stunden
uns fröhlich und gesund gemacht.

Und wenn wir nun auch scheiden müssen,
sind wir schon morgen von Euch fern,
so sollt Ihr eins doch immer wissen:
Wir haben Euch von Herzen gern!

Oft werden wir an diese Tage
noch denken, wenn wir von Euch gehn.
Und eins ist sicher – ohne Frage –
im nächsten Jahr: auf Wiedersehn!